中國古代都城資料選刊

雍録

〔宋〕程大昌撰
黄永年點校

中華書局

圖書在版編目(CIP)數據

雍録/(宋)程大昌撰;黄永年點校. —北京:中華書局,
2002.6(2023.4 重印)
(中國古代都城資料選刊)
ISBN 978-7-101-02958-1

Ⅰ.雍… Ⅱ.①程…②黄… Ⅲ.①都城-研究-中國-周代②都城-研究-中國-秦漢時代③都城-研究-中國-隋唐時代 Ⅳ.K928.6

中國版本圖書館 CIP 數據核字(2001)第 041952 號

責任編輯:姚景安
責任印製:管 斌

中國古代都城資料選刊
雍 録
〔宋〕程大昌 撰
黄永年 點校
*
中華書局出版發行
(北京市豐臺區太平橋西里 38 號 100073)
http://www.zhbc.com.cn
E-mail:zhbc@zhbc.com.cn
三河市宏盛印務有限公司印刷
*
850×1168 毫米 1/32 · 9½印張 · 129 千字
2002 年 6 月第 1 版 2023 年 4 月第 4 次印刷
印數:7501-8300 册 定價:45.00 元

ISBN 978-7-101-02958-1

圖一

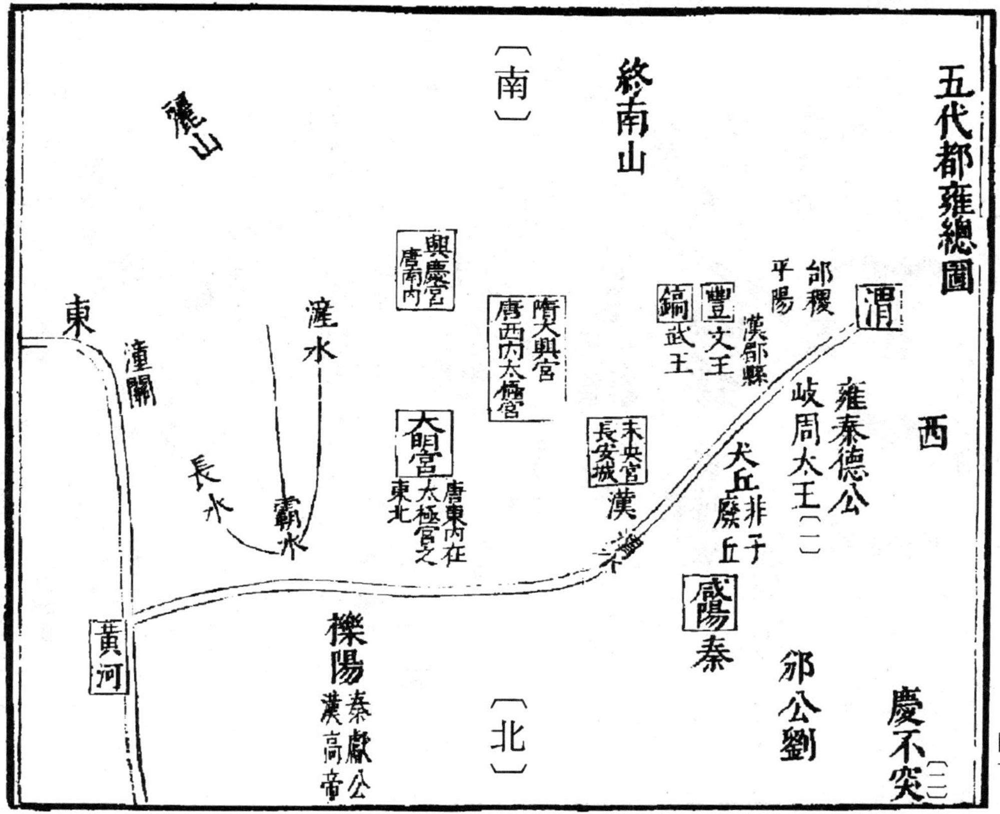

〔一〕案：太王李本作大王。

〔二〕案：不突李本作不宦，皆誤，當作不窋。

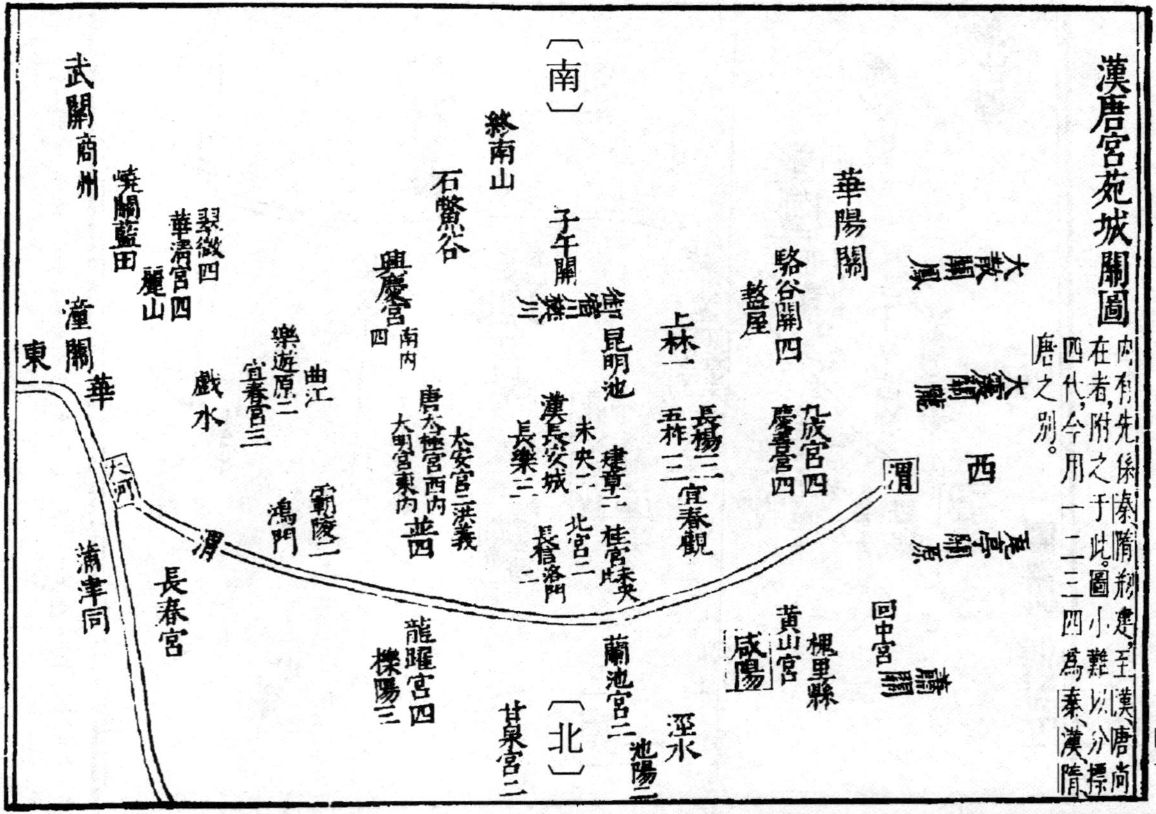

漢唐宮苑城關圖
內有先係秦、隋創建，至漢、唐尚在者，附之于此。圖小難以分標四代，今用一二三四爲秦、漢、隋、唐之别。
南
北
東
西
武關
商州
嶢關
藍田
驪山
華清宮四
翠微四
灞關
華
戲水
樂遊原二
宜春宮三
曲江
霸陵二
鴻門
興慶宮四
南內
石鱉谷
終南山
子午關
唐太極宮西內
大明宮東內
太安宮二
漢長安城
長樂二
未央二
北宮二
建章二
昆明池
長楊三
五柞三
上林一
宜春觀
盩厔
駱谷關四
華陽關
仁成宮四
慶善宮四
渭
大河
長春宮
蒲津同
龍躍宮四
櫟陽三
甘泉宮二
蘭池宮二
池陽二
涇水
咸陽
黃山宮
槐里縣
回中宮
蕭關

圖二

漢唐要地參出圖

此圖主唐，而有秦、漢故迹。圖狹不可多書，凡記一字於下者，皆周、秦也；二字即漢也；不出一、二者皆唐也。

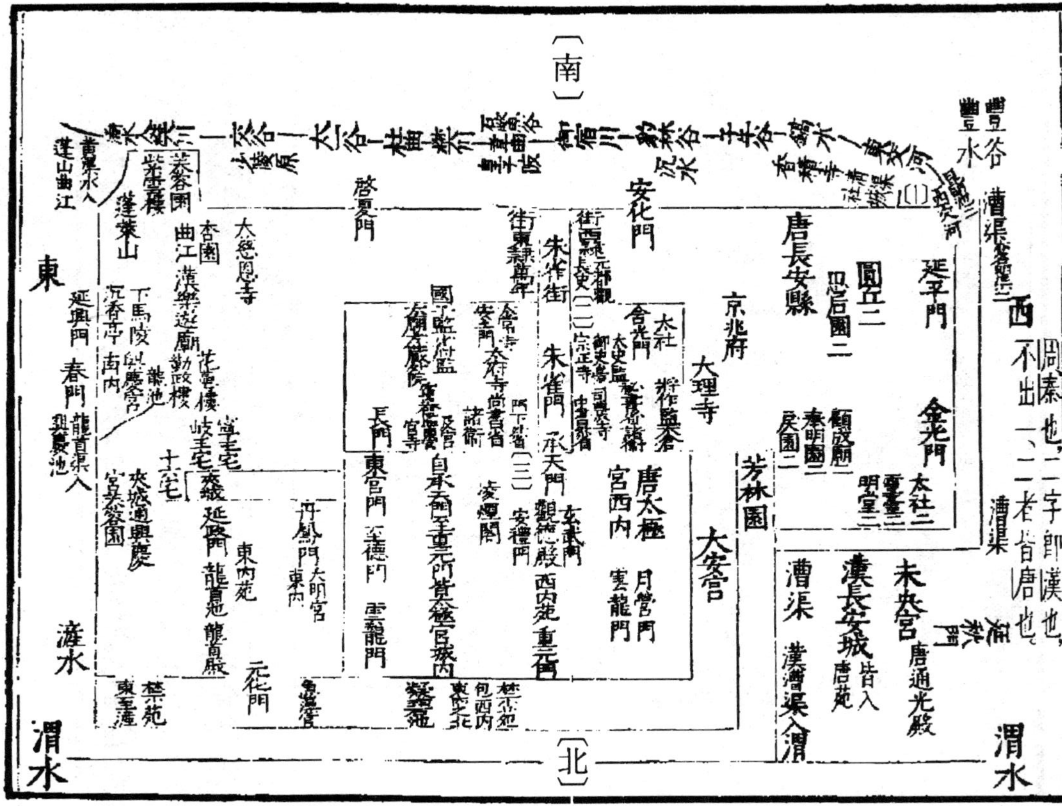

圖三

〔一〕案：社城李本作杜城，是。

〔二〕案：長史李本作長安，是。

〔三〕案：下字李本脱去。

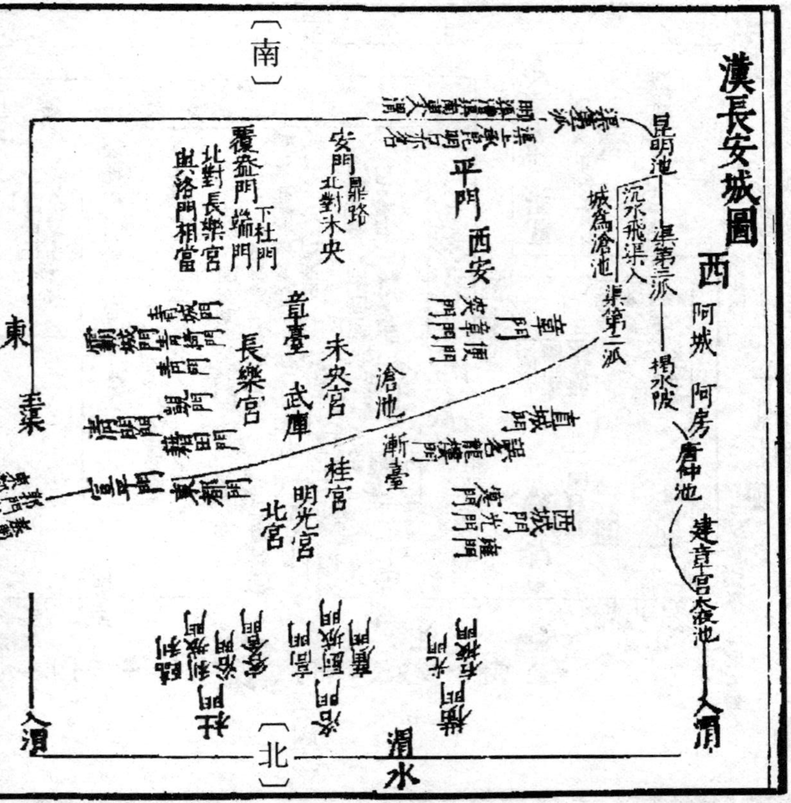

漢都長安城，在唐大興宮西北十三里。此圖本水經爲之，而參以它書也。水經敘載方面名稱，頗爲周悉，而時與他書不同，則皆隨事辨正，各附本類。

圖四

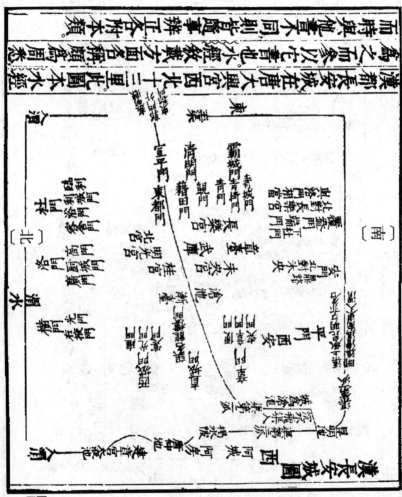

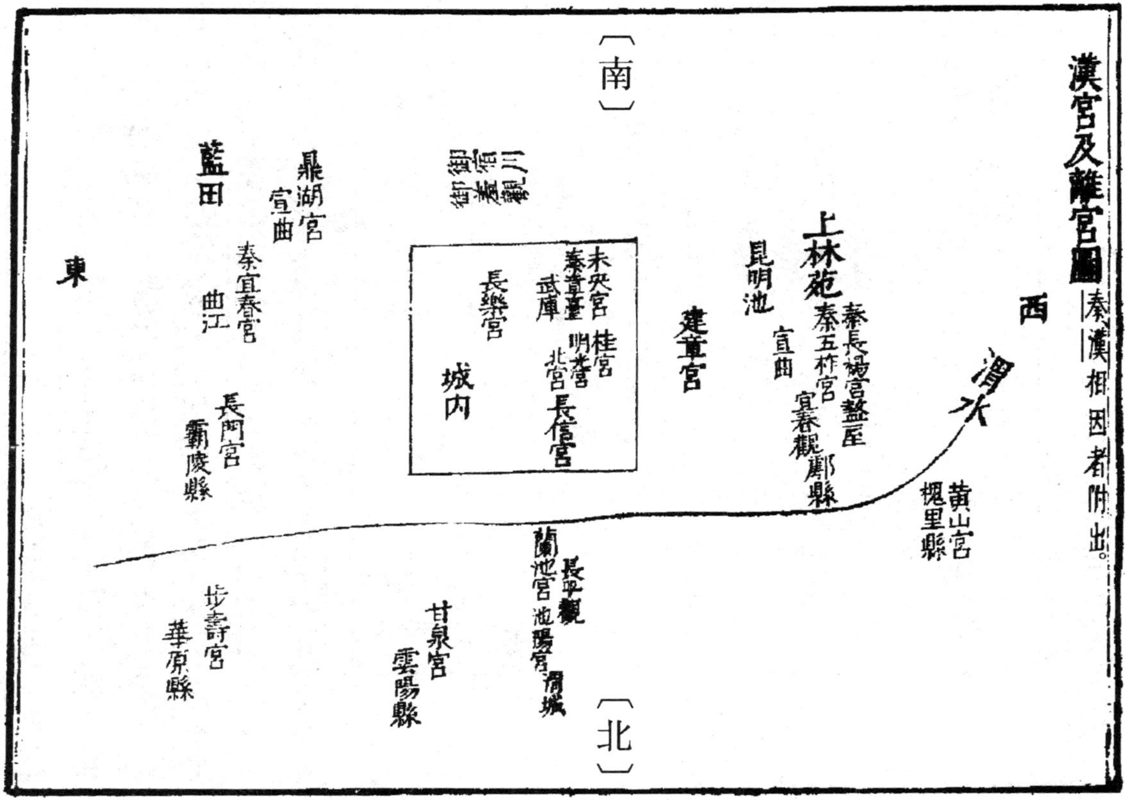
漢宮及離宮圖
秦漢相因者附出。
西
南
北
東
渭水
上林苑
秦長楊宮盩厔
秦五柞宮
宜春觀鄠縣
宣曲
昆明池
建章宮
黄山宮
槐里縣
未央宮
秦章臺
武庫
桂宮
明光宮
北宮
長信宮
長樂宮
城內
御宿川
御羞觀
鼎湖宮
宣曲
藍田
秦宜春宮
曲江
長門宮
霸陵縣
蘭池宮
長平觀
池陽宮
渭城
甘泉宮
雲陽縣
步壽宮
華原縣
圖五

隋大興宮爲唐太極宮圖 亦名西内。

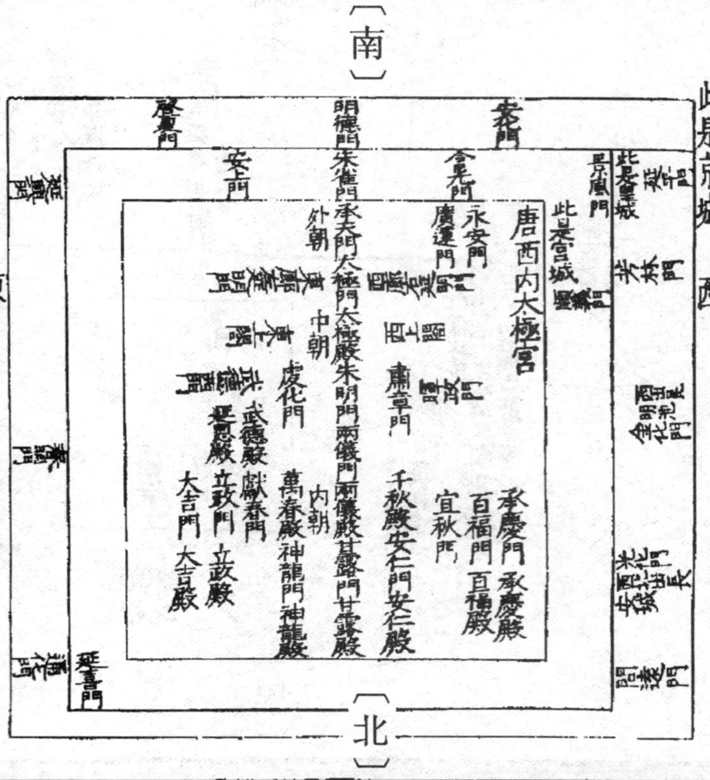

唐都畿内外宮殿及四面關要，皆嘗案六典立圖（在前）。此外又有典仁、宣猷、崇道、惠訓、昭德、安禮、正禮、宣光、通福、光昭、嘉猷、華光、暉儀、壽安、綏福等門，薰風、就日、翔鳳、咸池、臨照、望仙、鶴羽、乘龍等殿，凌煙、翔鳳等閣，無方隅次比，不容入圖也。宮依都，都依山川，故并關要圖之，貴有考也。

圖六

閣本大明宮圖（東內。）

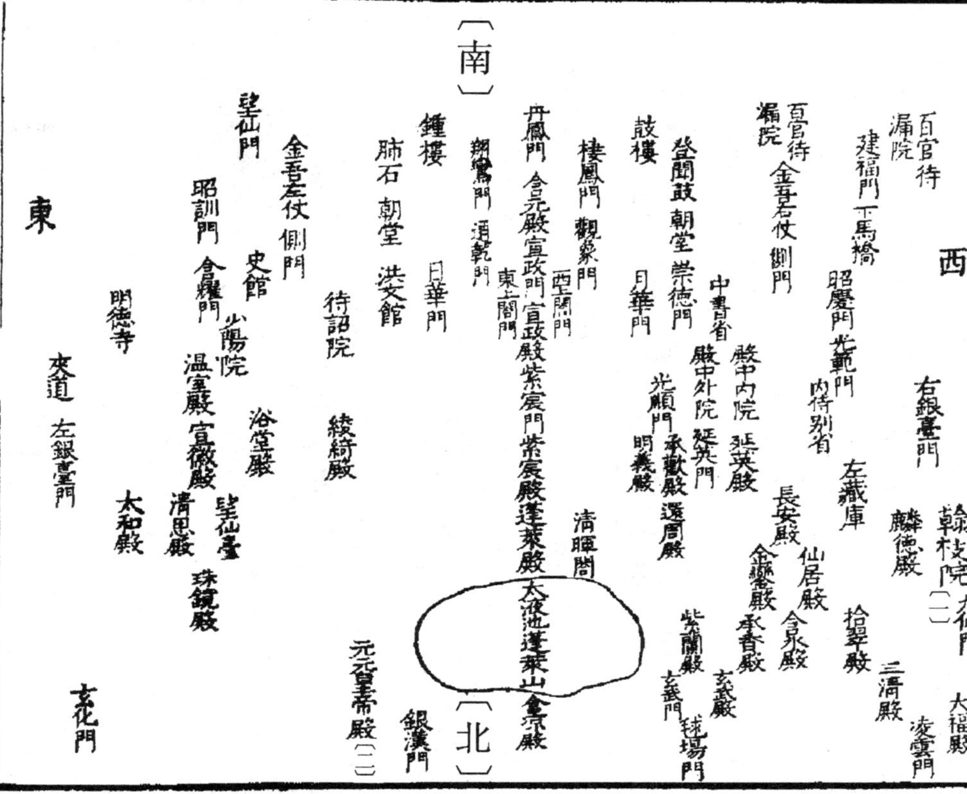

圖七

右案閣本爲此圖，其有誤者辨在後。

〔一〕案：枝當作林。

〔二〕案：元元本當作玄元，避宋始祖趙玄朗諱改。

唐宮苑包漢都城圖

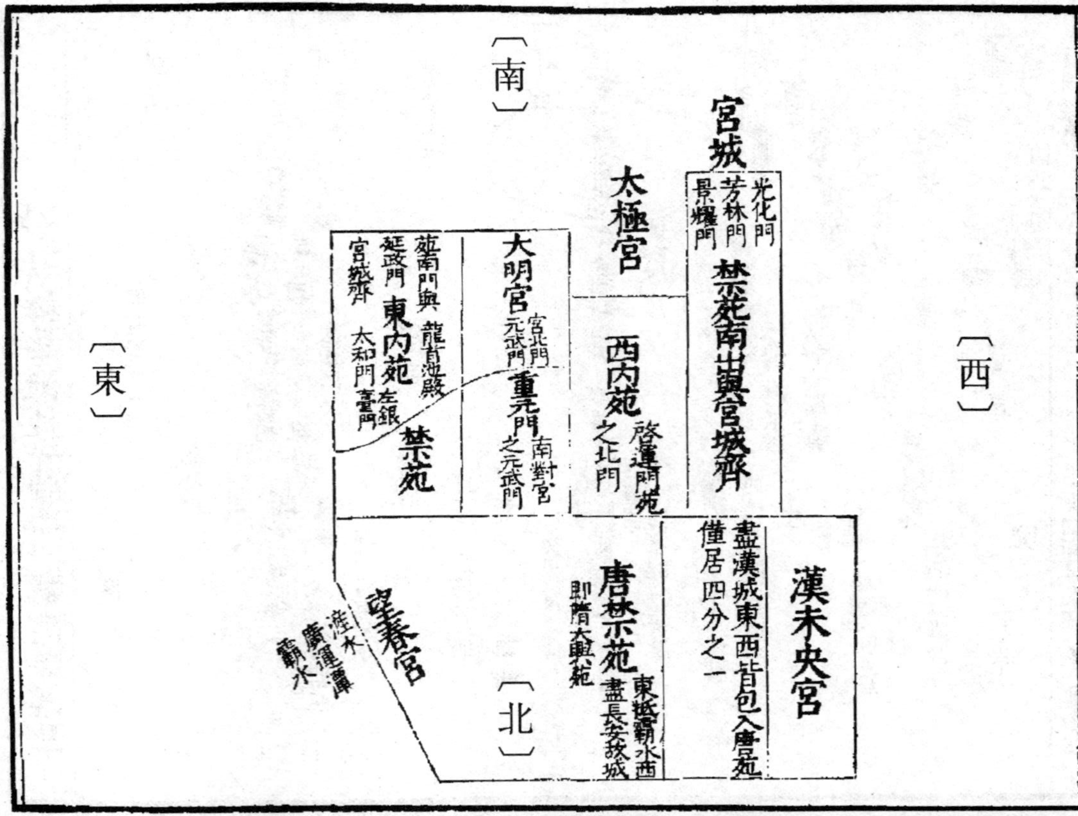
西
南
東
北
宮城
光化門
芳林門
景耀門
禁苑南出與宮城齊
太極宮
西内苑
之北門
啓運門苑
大明宮
宮北門
元武門
重元門
南對宮
之元武門
東内苑
苑南門與
延政門
宮城齊
龍首池殿
太和門
左銀臺門
禁苑
漢未央宮
盡漢城東西皆包入唐苑
僅居四分之一
唐禁苑
東抵霸水西
盡長安故城
即隋大興苑
望春宮
滻水
廣運潭
霸水

圖八

唐西内太極宮圖

即隋大興宮，此係闕本。

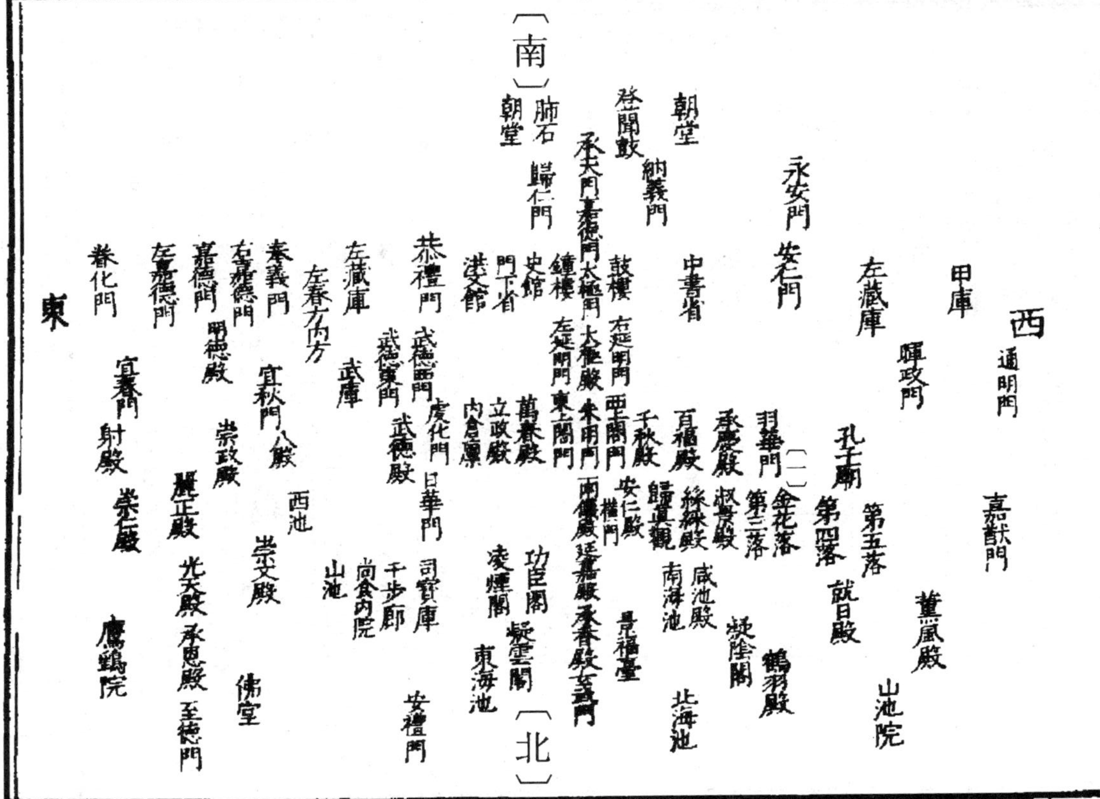

圖九

〔一〕案：羽華門當作月華門。

圖一〇

唐都城內坊里古要迹圖

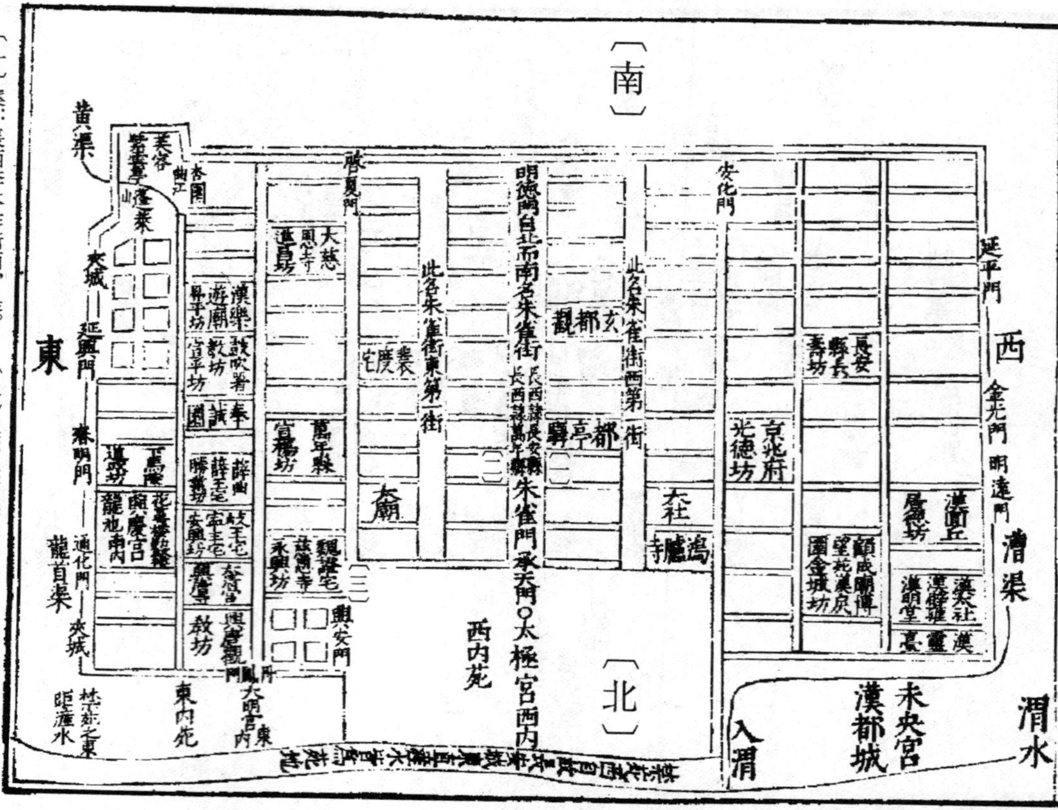

〔一〕案：長西李本作街西，是。

〔二〕案：長西李本作街東，是。

〔三〕案：魏證本當作魏徵，避宋仁宗趙禎嫌名改。其後悉同，不更出校語。

案：原圖後附有文字，見本書第五三頁。

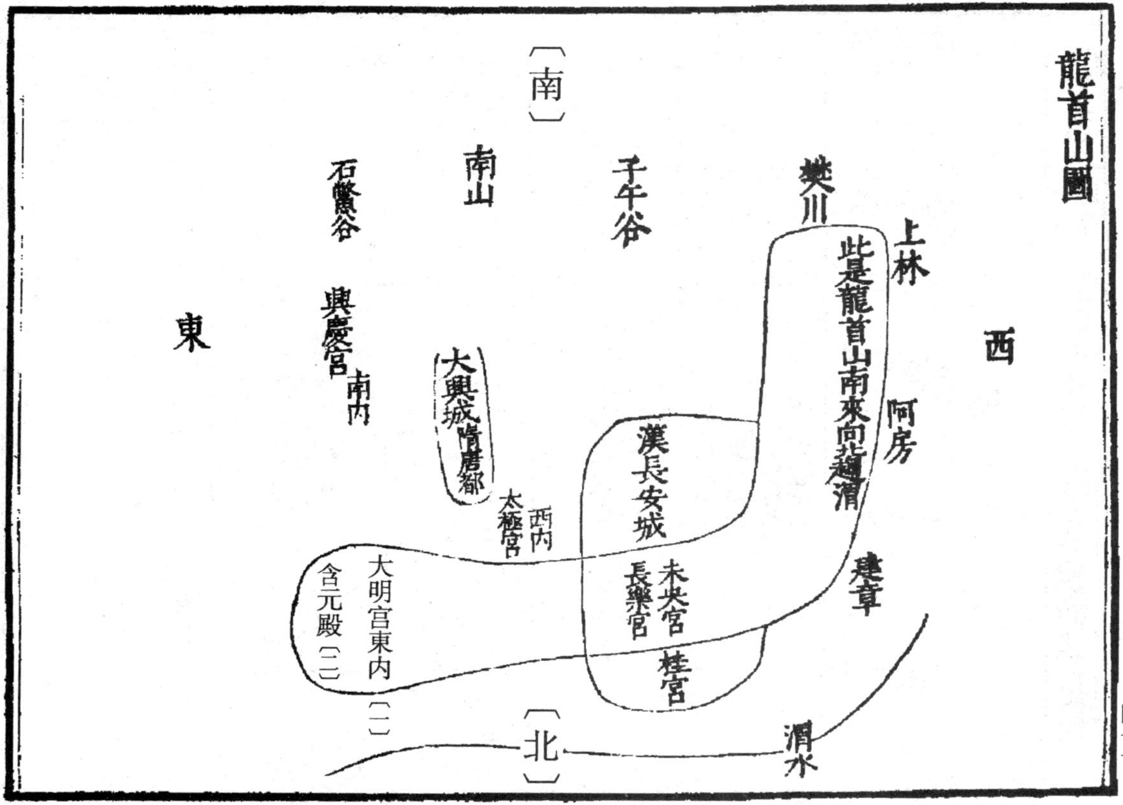

〔一〕案：大明宮東內五字據李本補。

〔二〕案：含元殿三字據李本補。

隋唐都城龍首山分六坡圖 在平地名龍首原。

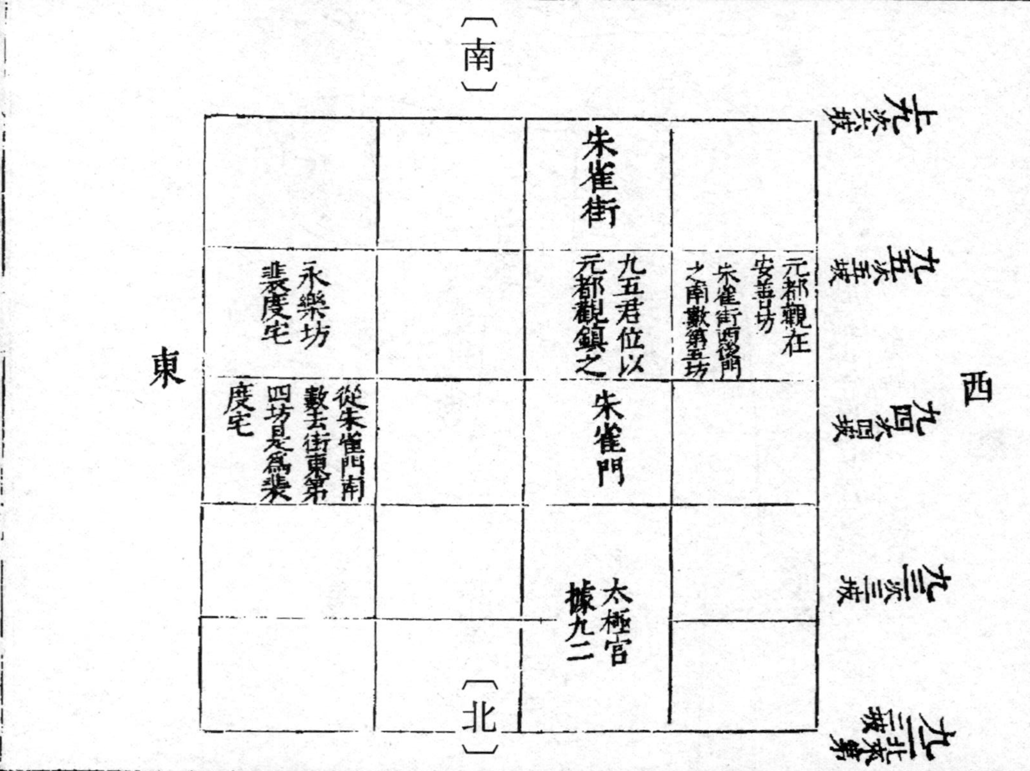

六典大明宮圖亦名東內。

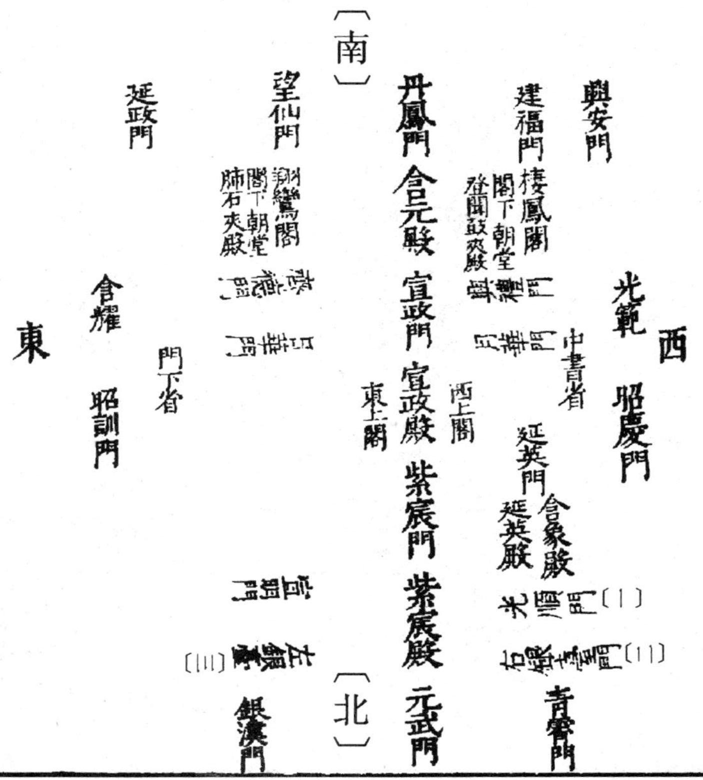

右案六典爲圖。此外又有麟德、凝霜、承歡、長安、僊居、拾翠、碧羽、金鑾、蓬萊、含涼、珠鏡、三清、含氷、水香、紫蘭等殿，元武、明義、大角等觀，鬱儀、結鄰、承雲、修文等閣，六典雖著其名，不立方鄉，無據可以立圖。又緣此之名品，凡閣本及諸書因事與相干及者多，故附寘六典圖，貴易參訂。

〔一〕案：光順門李本作銀臺門。

〔二〕案：右銀臺門李本作光順門。

〔三〕案：左銀臺當作左銀臺門。

含元殿龍尾道螭首圖

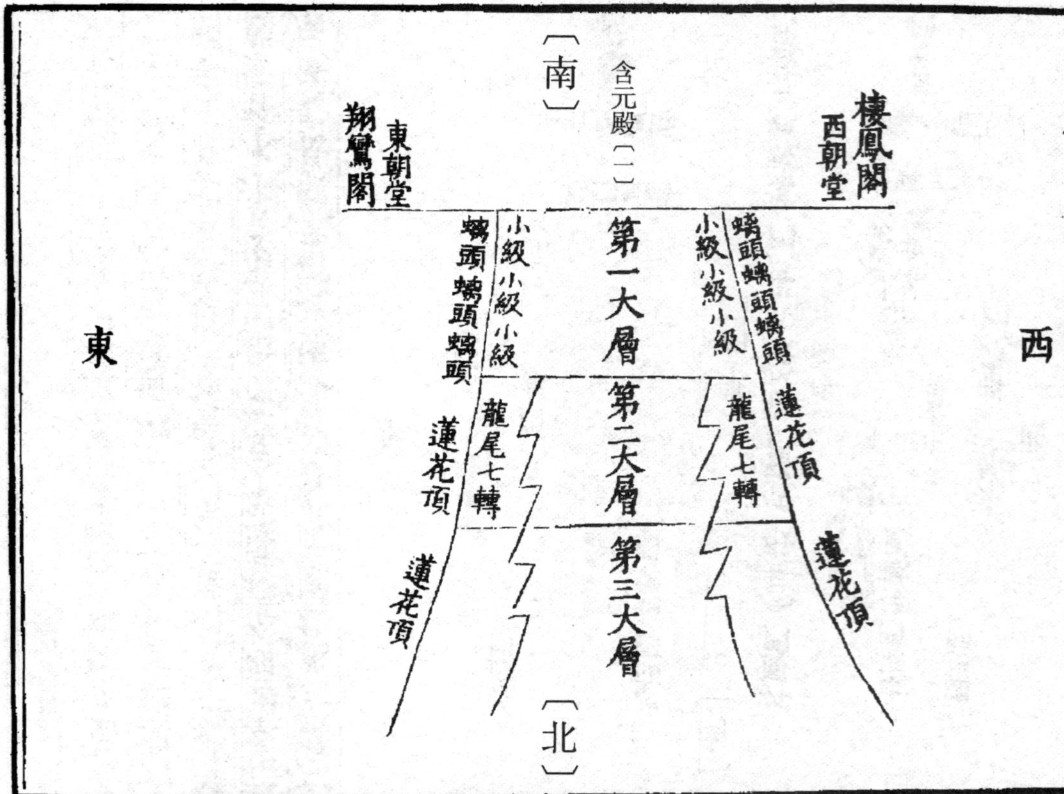

〔一〕案：含元殿三字據李本補。

東內入閤圖〔一〕

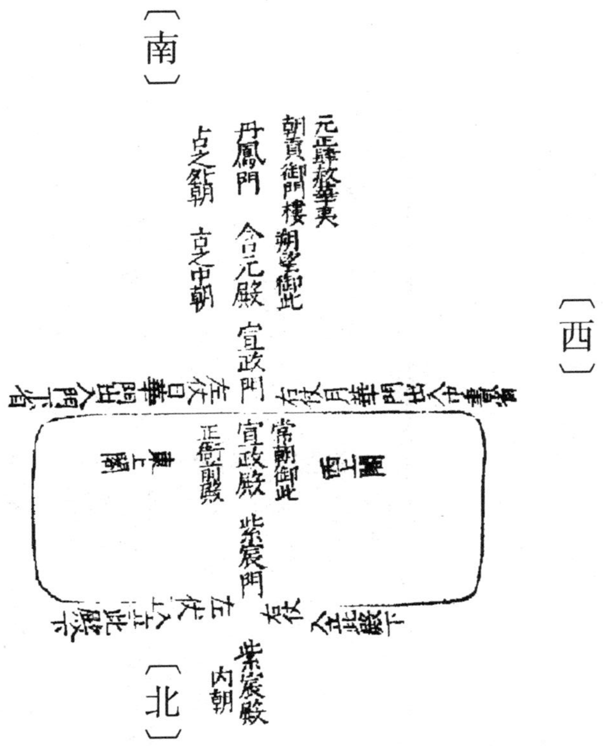

六典：宣政殿東廊有日華門，門下省在門外，東上閤即在殿左；宣政殿西廊有月華門，中書省在門外，西上閤即在殿右〔二〕。

〔一〕案：閤李本作閣，誤。

〔二〕西上閣、東上閣當作西上閤、东上閤。图内同。

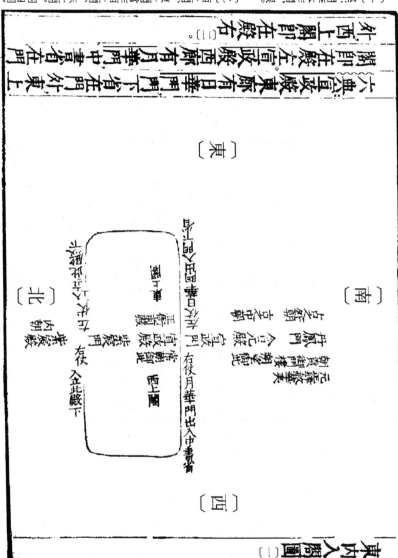

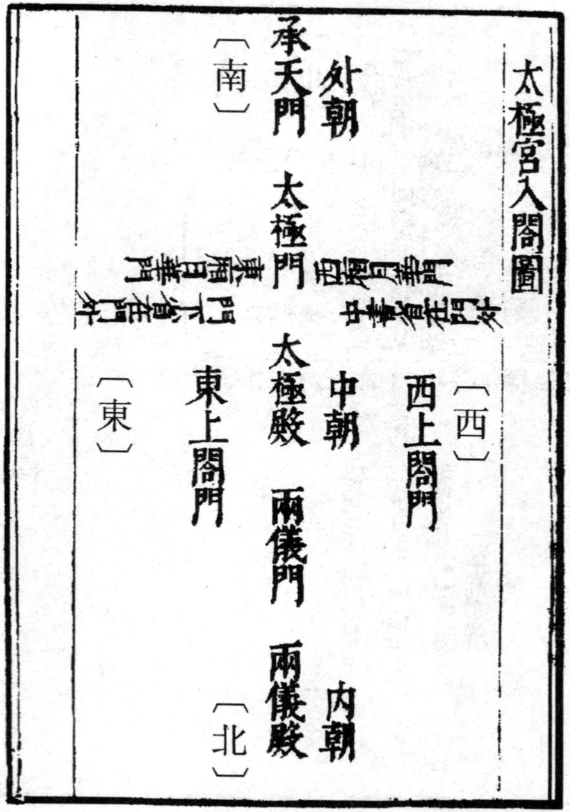
太極宮入閤圖
〔西〕
西上閤門
西廊月華門
中書省在門外
外朝
中朝
内朝
承天門
太極門
太極殿
兩儀門
兩儀殿
東廊日華門
門下省在門外
東上閤門
〔南〕
〔東〕
〔北〕

圖一六

東内西内學士及翰林院圖

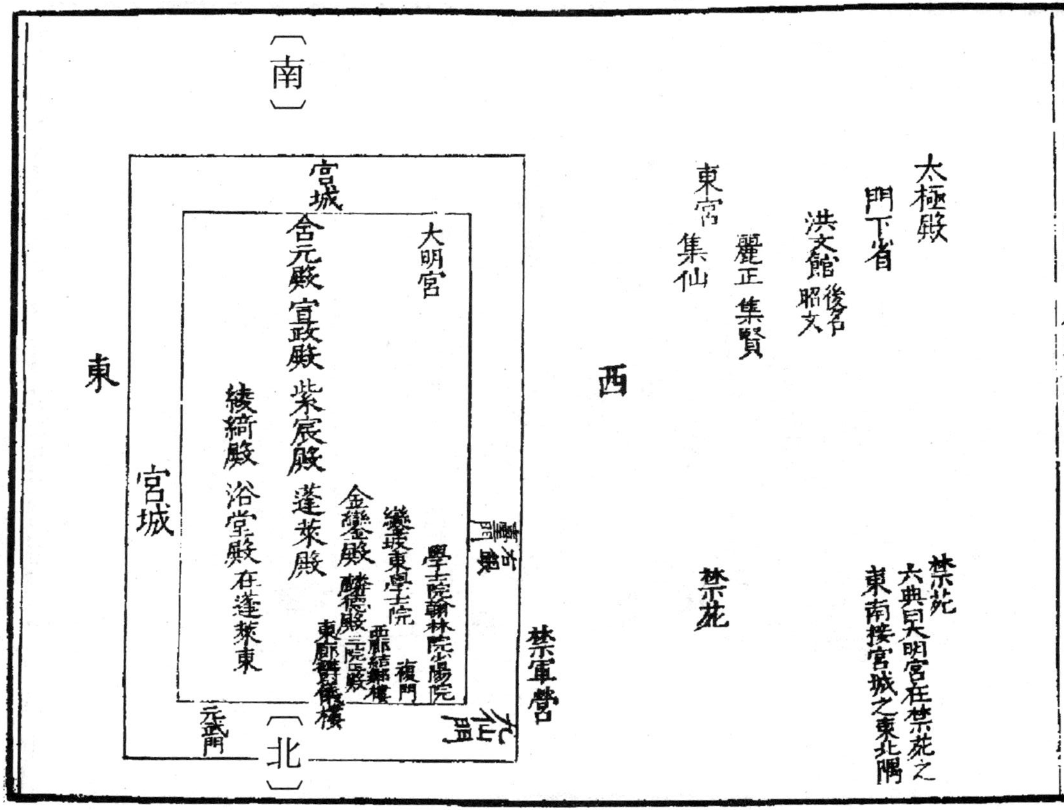

圖一七

大明宮右銀臺門翰林院學士院圖

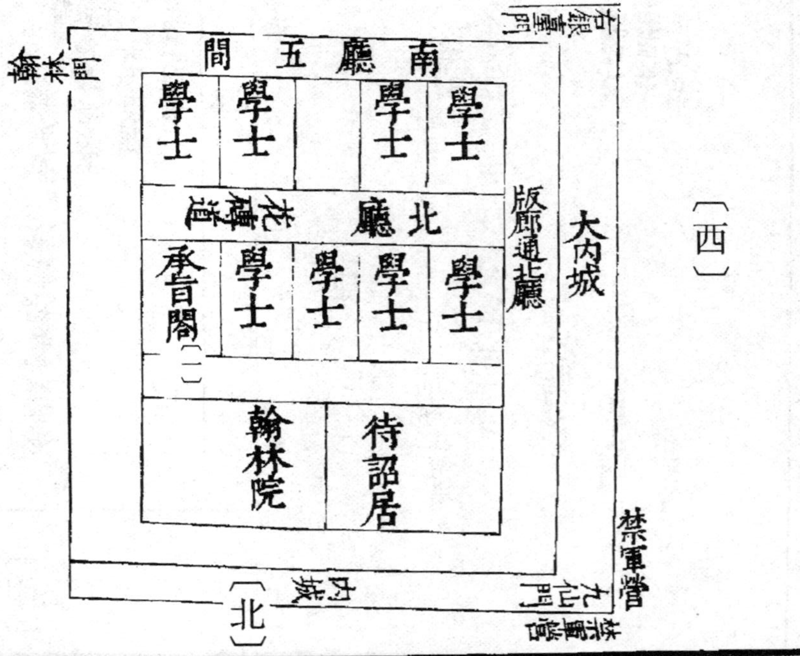

圖一八

[一] 案：承旨閣李本作承旨院，是。

學士院都圖

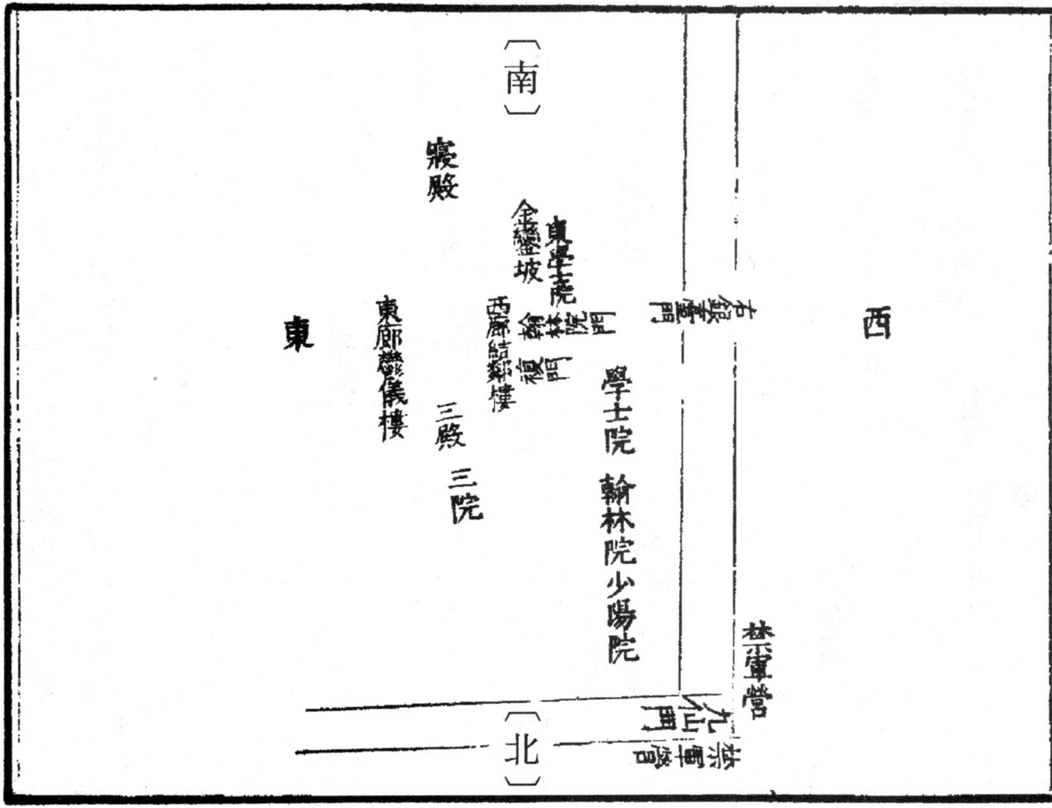

圖一九

閣本興慶宮圖

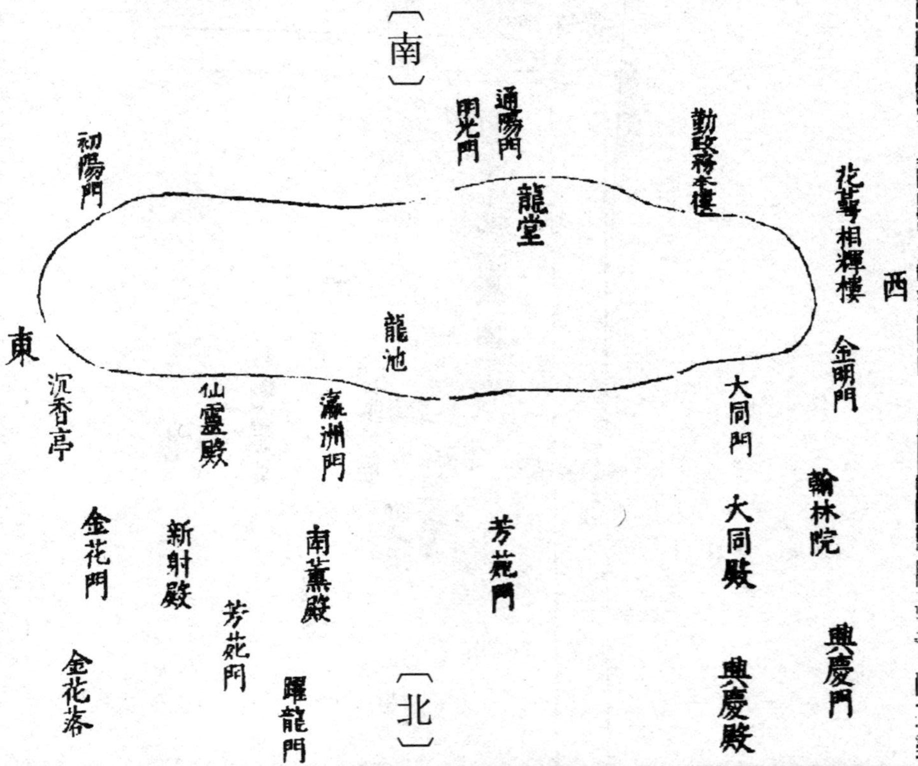

右閣本與六典同而有小異，惟花蕚相輝樓臨街而在西角，後又有勤政務本樓在南。六典未載也。

圖二〇

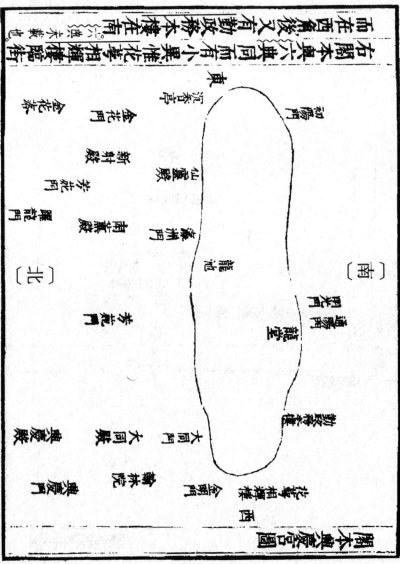

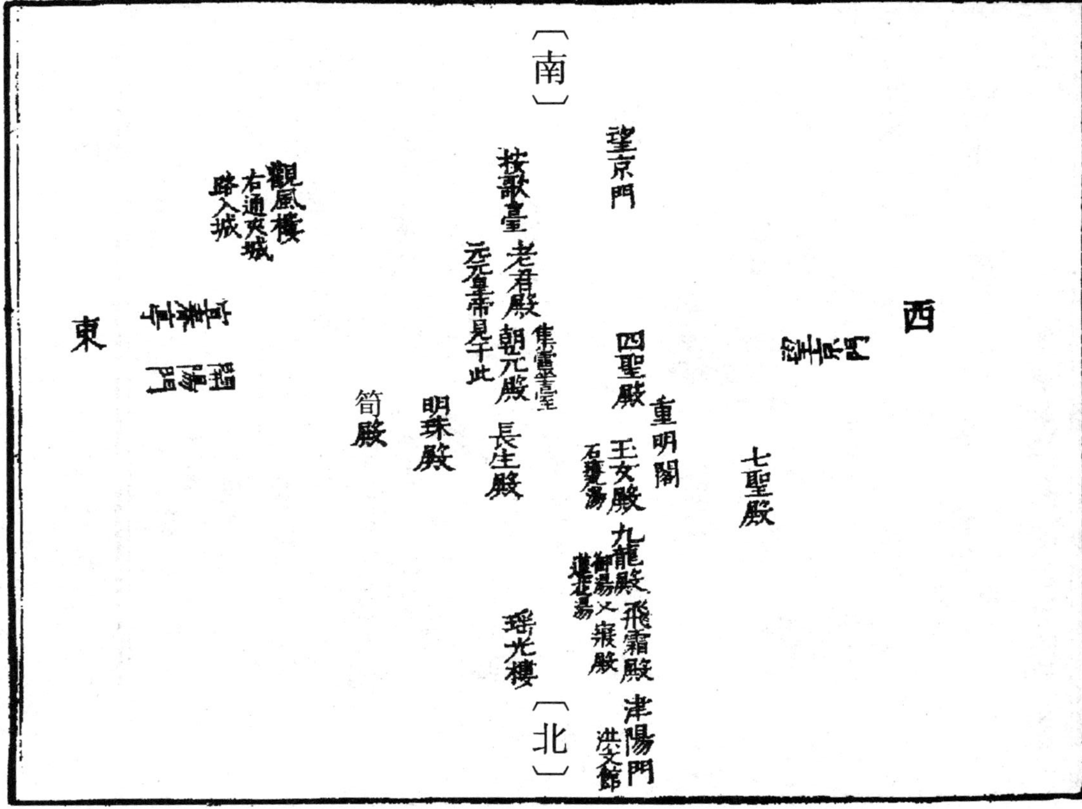

華清宮圖 本長安志。其宮四面皆有繚墻。

圖二

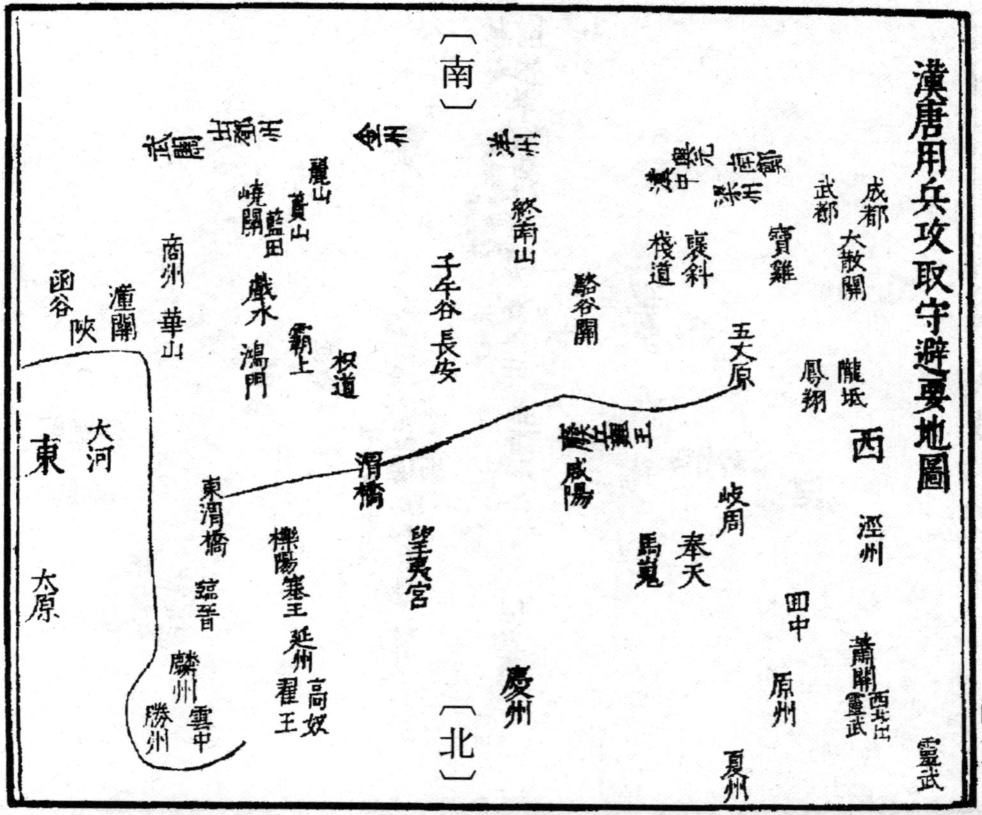
漢唐用兵攻取守避要地圖
南
北
東
西
成都
武都
大散關
寶雞
鳳翔
隴坻
五丈原
涇州
岐周
奉天
馬嵬
咸陽
渭橋
東渭橋
子午谷
長安
終南山
駱谷關
褒斜
棧道
漢中
金州
武關
商州
華山
潼關
函谷
陝
大河
太原
嶢關
戲水
鴻門
霸上
枳道
望夷宮
櫟陽
塞王
延州
高奴
翟王
麟州
勝州
雲中
慶州
原州
夏州
蕭關
靈武

圖二三

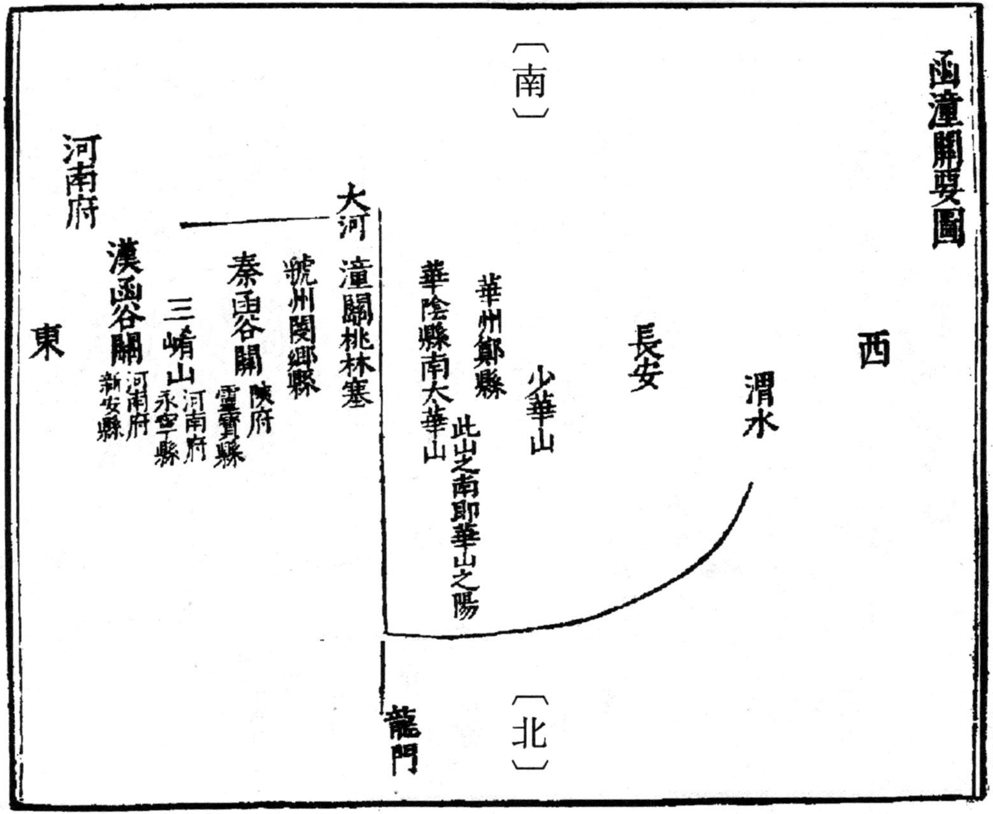
函潼關要圖
西
渭水
長安
少華山
華州鄭縣
此山之南即華山之陽
華陰縣南大華山
大河
潼關桃林塞
虢州閿鄉縣
秦函谷關 陝府靈寶縣
三崤山 河南府永寧縣
漢函谷關 河南府新安縣
河南府
東
〔南〕
〔北〕
龍門

漢唐都城要水圖

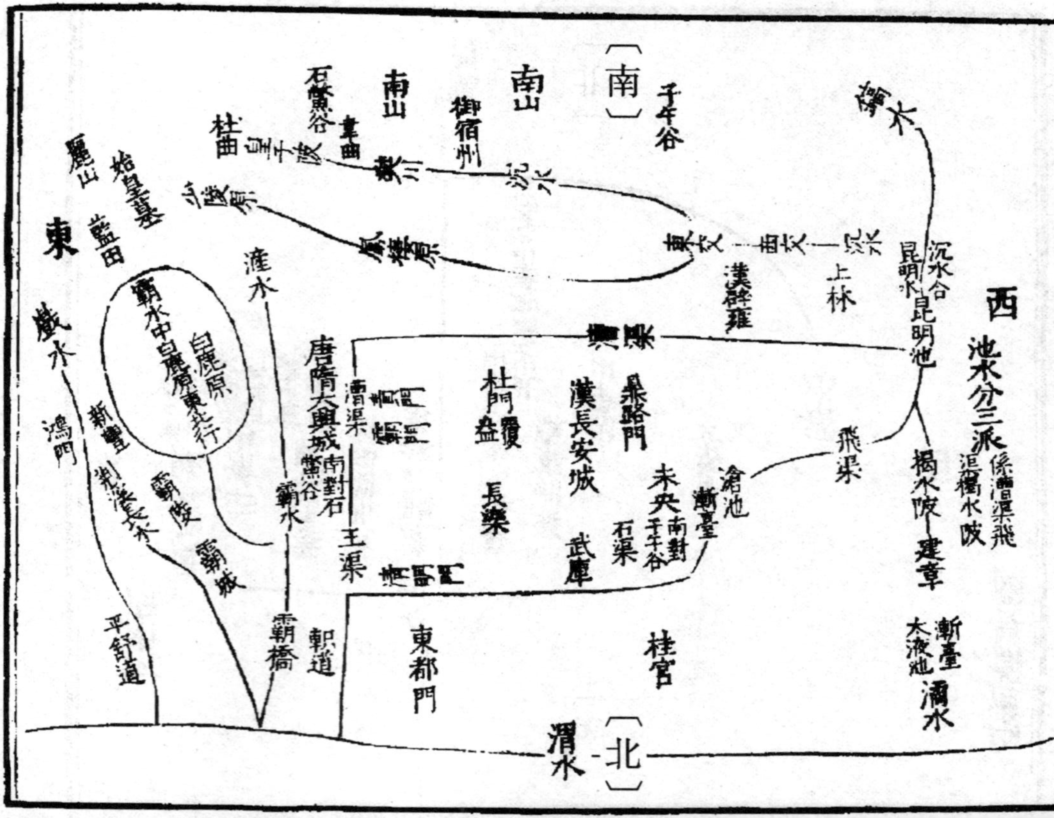
南
北
東
西
南山
南山
子午谷
石鱉谷
杜曲
皇子陂
韋曲
樊川
御宿川
沉水
潏水
酈山
始皇墓
藍田
東交
西交
上林
漢辟雍
沉水合昆明水
昆明池
泬水分三派
係漕渠飛渠
揭水陂
建章
太液池
漸臺
渭水
戲水
鴻門
新豐
灞水中白鹿原東北行
白鹿原
滻水
灞水
霸陵
霸城
霸橋
軹道
平舒道
唐隋大興城
漕渠
杜門
漢長安城
長樂
武庫
石渠
飛渠
滄池
漸臺
未央
東都門
桂宮
王渠

圖二四

禹周秦漢五沮漆圖

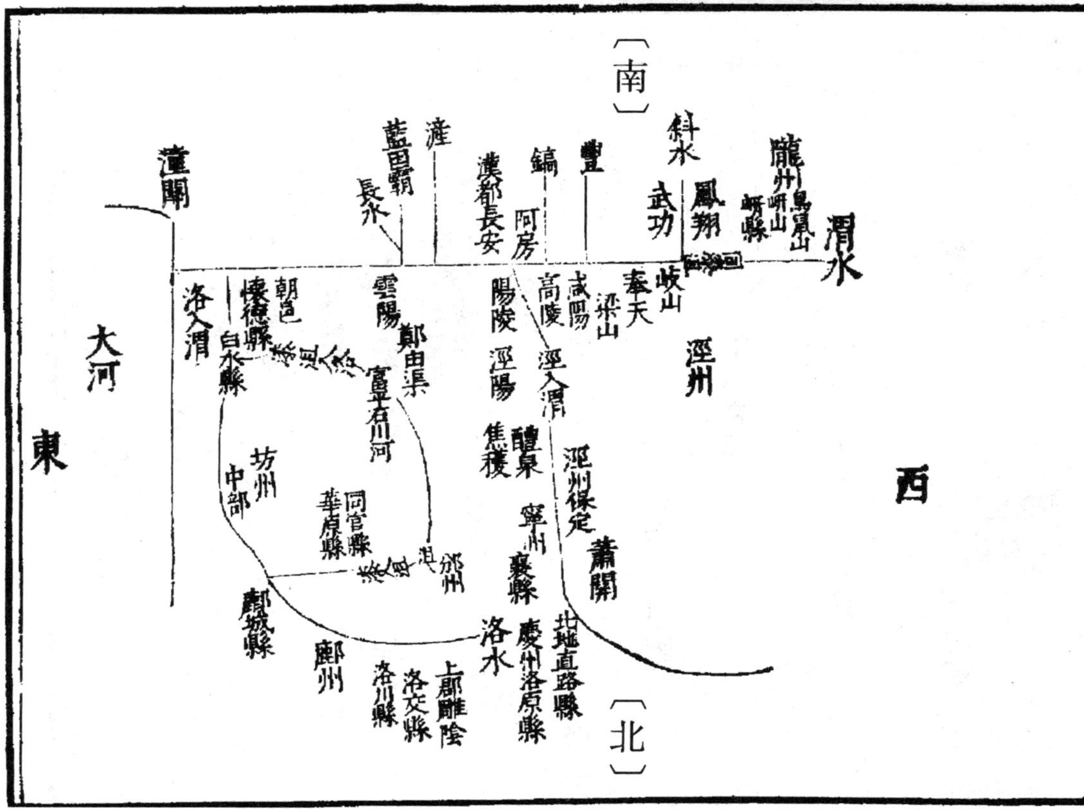
南
北
東
西
渭水
大河
潼關
藍田霸
滻
長水
漢都長安
阿房
鎬
豐
斜水
武功
鳳翔
隴州鳥鼠山
岍山
岍縣
洛入渭
朝邑
懷德縣
白水縣
雲陽
鄭由渠
陽陵
高陵
咸陽
梁山
奉天
岐山
涇州
涇陽
涇入渭
富平
石川河
醴泉
焦穫
坊州
中部
同官縣
華原縣
涇州保定
蕭關
寧州
襄縣
邠州
鄜城縣
鄜州
洛水
洛川縣
洛交縣
上郡雕陰
慶州洛原縣
北地直路縣

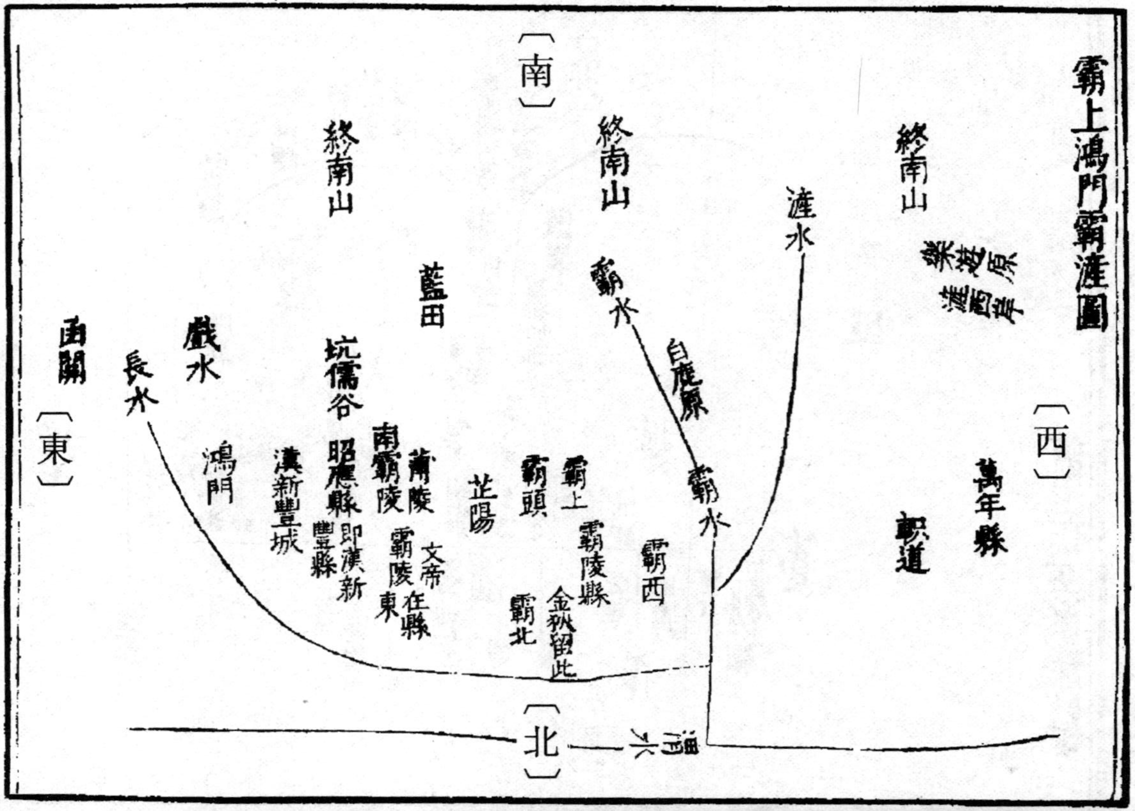
霸上鴻門霸滻圖
南
北
東
西
終南山
終南山
終南山
滻水
霸水
白鹿原
霸水
樂遊原
滻西岸
萬年縣
軹道
霸西
霸上
霸陵縣
金狄留此
霸頭
霸北
芷陽
藍田
薄陵
文帝
霸陵在縣東
南霸陵
坑儒谷
昭應縣即漢新豐縣
漢新豐城
鴻門
戲水
長水
函關
渭水

圖二六

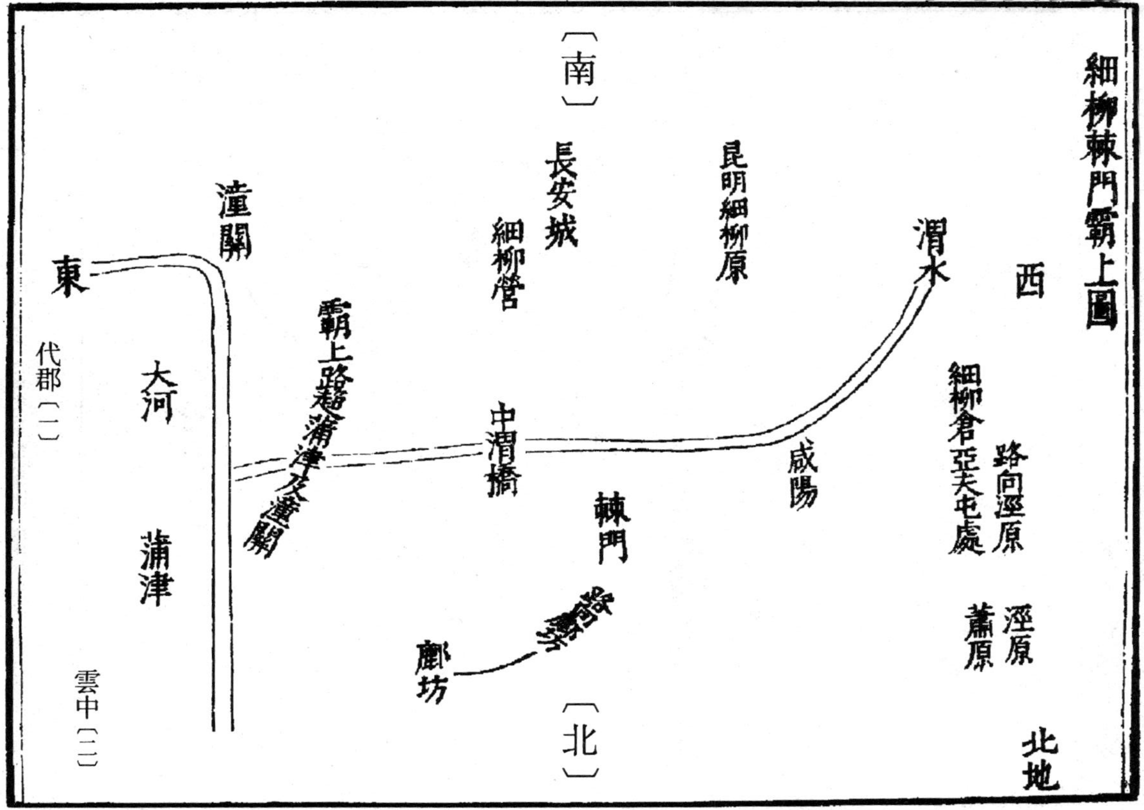

圖二七

〔一〕案：代郡二字據李本補。

〔二〕案：雲中二字據李本補。

單于朝渭上圖

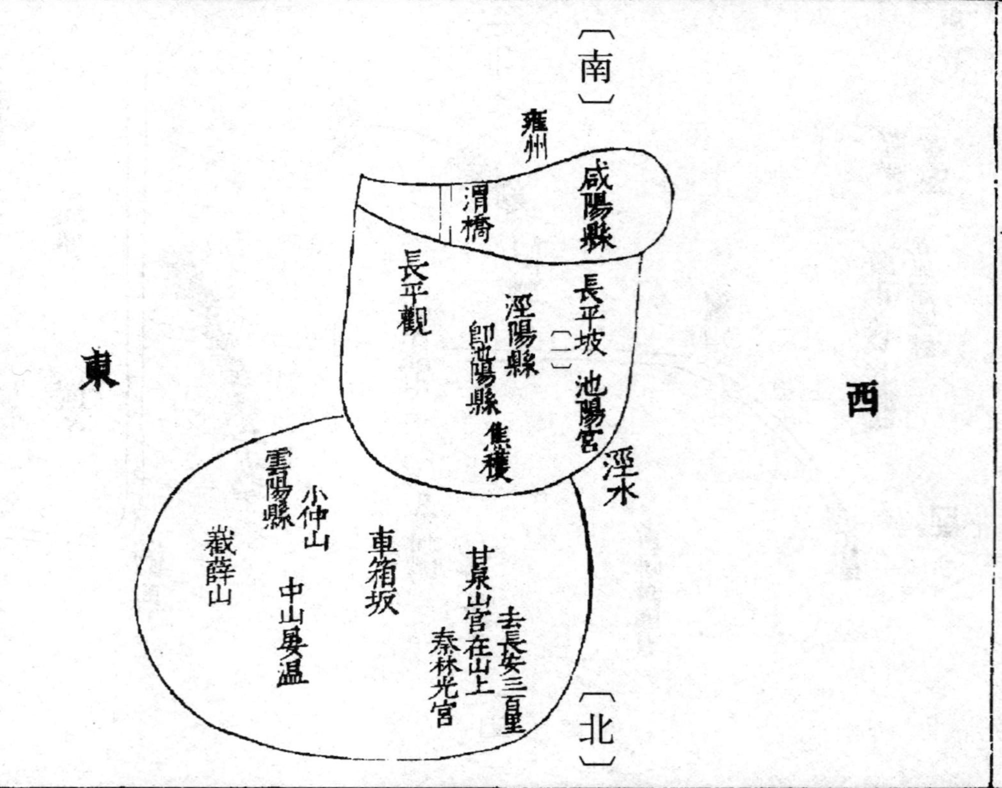

〔一〕案：長平坡李本作長平坂，是。

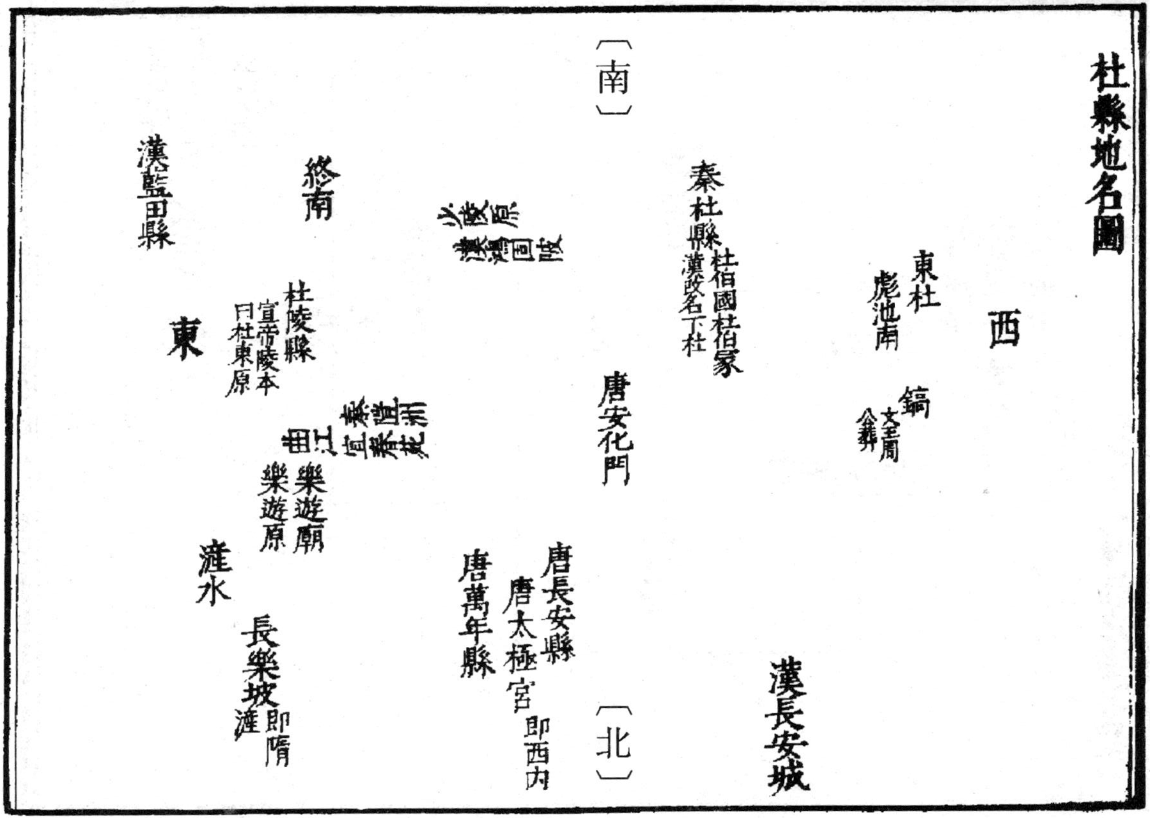
杜縣地名圖
南
北
東
西
漢藍田縣
終南
杜陵縣
宣帝陵本曰杜東原
樂遊廟
樂遊原
滻水
長樂坡
秦杜縣
杜伯國杜伯冢
漢改名下杜
唐安化門
唐長安縣
唐太極宮
即西內
唐萬年縣
東杜
彪池南
鎬
漢長安城

圖二九

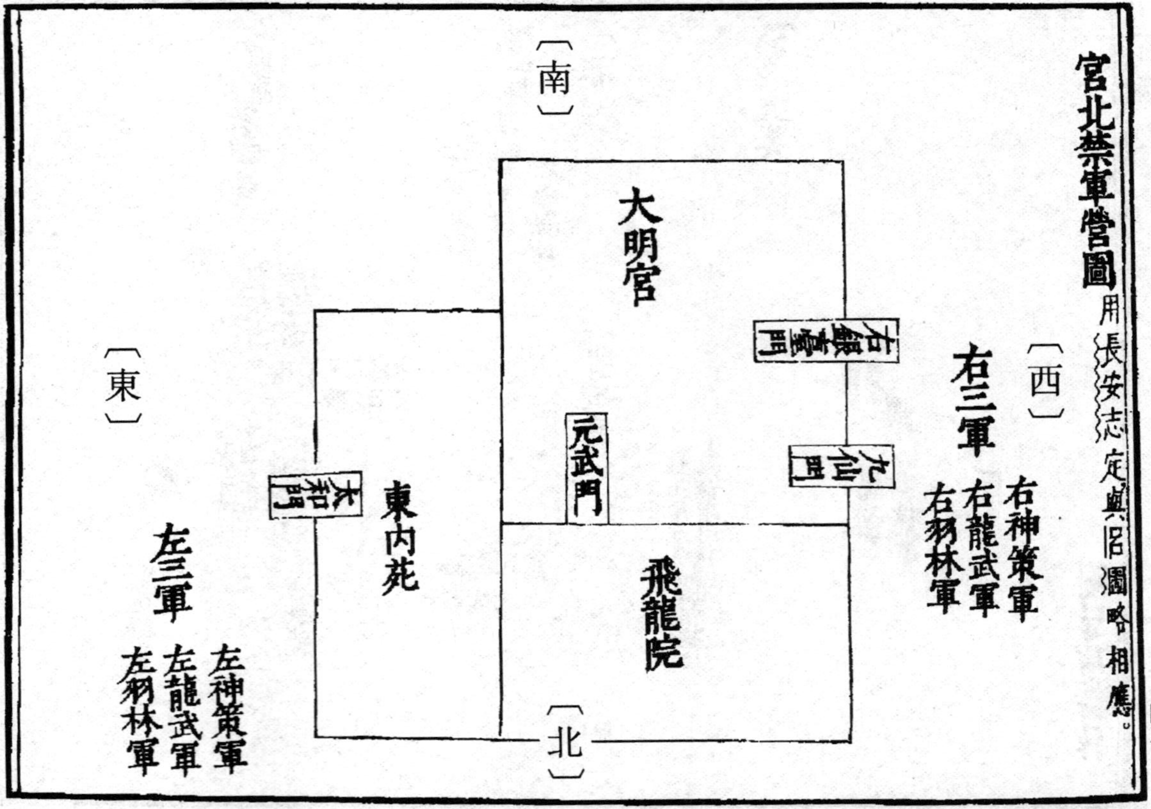
宮北禁軍營圖
用長安志定與呂圖略相應。
南
北
東
西
大明宮
飛龍院
東内苑
元武門
右銀臺門
九仙門
太和門
右三軍
右神策軍
右龍武軍
右羽林軍
左三軍
左神策軍
左龍武軍
左羽林軍

圖三〇

圖三二

唐東宮圖

〔一〕案：麗王當作麗正。

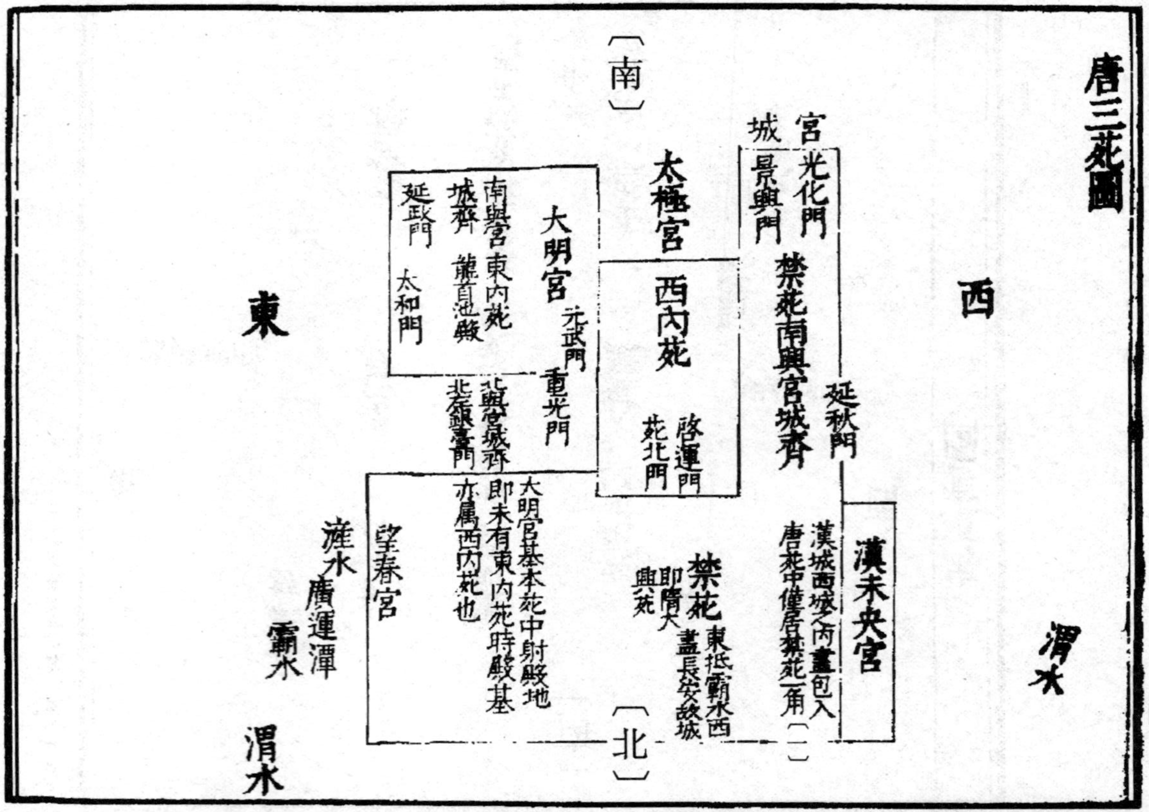

圖三二

〔一〕案：西城李本作四城，是。

前言

這裏給讀者點校的，是宋代學者程大昌撰寫的雍録，一共有十卷。這是一部關於周、秦、漢、隋、唐五朝都城豐、鎬、咸陽、長安的專著，因為這些都城都在禹貢九州的雍州境内所以稱之為雍録。

程大昌的生平見於宋史，宋史卷四三三儒林傳裏有他的傳。他字泰之，江南東路徽州休寧縣（今安徽省休寧縣）人，北宋徽宗宣和五年（公元一一二三年）出生，南宋高宗紹興二十一年（公元一一五一年）中進士第，歷任太平州教授、太學正、秘書省正字、著作佐郎、恭王府贊讀、國子司業兼權禮部侍郎直學士院、浙東提點刑獄、江西轉運副使、祕閣修撰、祕書少監兼中書舍人、權刑部侍郎、侍講兼國子祭酒、兼給事中、權吏部尚書、知泉州事、知建寧府事、知明州事，是位清正敢辦事的好官。以後奉祠，光宗紹熙五年（公元一一九四年）以龍圖閣學士致仕，寧宗慶元元年（公元一一九五年）去世，享年七十三歲，賜謚文簡。他的著作流傳下來收入清代四庫全書的，除掉雍録以外，還有禹貢論五卷後論一卷和山川地理圖二卷、易原八卷、考古編十卷、演繁露十六卷和續演繁露六卷、北邊備對一卷，另有易老通言十卷四庫全書没有著録，當已失傳。以上這些卷帙雖都不大，種數却已不少，所以修宋史要把他列入儒林傳。

陳寅恪先生説過：「華夏民族之文化，歷數千載之演進，造極於趙宋之世。」説造極自然有點過分，明、清兩代文化也有其獨到之處，更何論「五四」以來。但我國封建社會中的領主殘餘門閥制度到隋、唐已告衰亡，進入宋代無論在社會結構上、在學術文化上確已出現一種嶄新的局面，為後人所稱道的清代乾嘉考據之學即導源於宋人。就程大昌的這部雍録來看，便明顯地不同於前此的地方志。前此的地方志都以記述沿革、山川、物産、宮室、坊里、以及舊聞傳説為能事，即使北宋中葉文獻大家宋敏求的長安志也脱不了此窠臼。雍録則不滿足於這種保存文獻式的記述，而是在此基礎上進一步作考證解説。這好比史書的撰寫，在司馬光以前主要着眼於保存史料，到司馬光撰述資治通鑑并寫出通鑑考異，就對史料的可信與否開始作考證。這都是開創時代風氣的做法。就這點來説，雍録已自有其不可磨滅的功績。

在考證功夫上，程大昌在宋代學者中也是够水平的。他的考古編、演繁露都是考證書中的名著，禹貢論、北邊備對和這部雍録則以地理考證見稱。而雍録的考證尤為研治長安地理者所重視。如西漢時長安城有個便門，漢書顏師古注説是「長安城南西頭第一門」，吕大防長安圖也認爲是「南面西頭第一門」，而水經注渭水篇則説「西出南頭第一門名章門，又名便門」。雍録卷六便橋條從地望、史實推求，認爲水經注的説法正確，指出「茂陵在長安西北，而便門在長安西面，則於趨陵得以云便」，「對門翙橋，以便西往」，而「此橋遂名便橋」。又如卷七説棘門細柳霸上條，根據漢書文帝紀後六年匈奴入上郡、雲中，以令免屯飛狐，蘇意屯勾注，張武屯北地，周亞夫次細柳，劉禮次霸上，徐厲次棘門以備胡的記事，指出「飛狐、勾注、北地之三將軍禦胡者也，故軍于三邊。細柳、棘門、霸上三將軍備胡者也，故環列都城之三面」，并講説細柳等地望，指出這内外兩道防禦綫的關係，對讀史者大有幫助。正因爲如此，所以胡三省注通鑑就喜歡引用雍録。當然，開風氣者往往難免粗疏，甚至會出現失誤。這部雍録也是如此。最明顯的，如卷六唐潼關條説「唐始於其地立關」，其實三國志魏書武帝紀在建安十六年西征馬超時已多次講到潼關，晉、南北朝史書涉及潼關處益不勝枚舉，何待唐代才設置。又如卷五列有中宗反正條，其實神龍元年張柬之等發動宫廷政變擁立中宗是在洛陽而并非在長安。此外全書雖是札記體裁而不像長安志等作有系統條理之記述，但在編排上也太形零亂。很可能當年程大昌把平時的讀書札記稍事整理便匆促問世，没有認真潤色審改。自然這仍只能説是瑜中有瑕，而且還是瑜勝於瑕。

雍録所依據的文獻，主要有三輔黄圖、唐六典、宋敏求長安志、吕大防長安圖、紹興祕書省本即所謂閣本長安圖。程大昌在雍録卷一裏對這些文獻都作專條評論，都比較中肯，其中如對三輔黄圖成書時代的考證，至今仍為治學者所承用。在這些文獻中，用文字撰寫的三輔黄圖、唐六典、長安志都流傳到今天，閣本長安圖則已失傳，僅清人徐松從永樂大典轉繪轉引過幾幅，吕大防長安圖也只保存了殘石拓片，而雍録裏對這兩種圖都有所轉繪。另有元人李好文的長安志圖也曾利用吕圖繪製，只是改動處較多，不如雍録所轉繪者尚能大體保存吕圖、閣圖的原貌。足見在保存文獻上雍録的功績也是不容忽視的。

對雍録的評介就説這麽一些。下面再談有關整理點校的事情。

先説用什麽版本。雍録在宋代早就刊刻，所以南宋後期陳振孫的直齋書録解題著録了它，但這宋刻本久已失傳。現在可以見到的只有兩種明刻本：一種是嘉靖十一年（公元一五三二年）知西安府事的李經刻本，卷首有這年李經的序和上一年康海的序。再一種是吴琯刻本，編入他所刻的叢書古今逸史裏，没有刻書序，從字體看刻在萬曆年間，晚於李經刻本，但刻得并不壞，加之這古今逸史在民國二十六年（公元一九三七年）又經商務印書館影印，所以這個吴琯本已成為通行易得的善本。李經刻本則流傳稀少，北京圖書館收藏了三部，一部有余嘉錫先生的題跋，一部無題跋只鈐有「周氏惠文珍藏書畫印」，再一部是鐵琴銅劍樓舊藏，但卷六卷七已經抄配。承辛德勇、韓茂莉賢伉儷盛情，代我借用這三部李經刻本和吴琯本作了仔細的勘校 發現這三部李經本都有缺葉和爛版，文字上也很少勝於吴琯本處。所以這次整理點校就用吴琯本作底本 把校出的李經本異文和缺葉爛版之處用案語在正文中注出。 吴琯本每卷次行三行題「宋新安程大昌著」「明新安吴琯校」，李經本則在次行題「新安程大昌泰之」（卷四卷八卷十在「泰之」下還增一「著」字）而卷三卷四卷七卷八卷十之開卷便是文字而非地圖者，在三行還都題上「錫山安國民泰校刊」。安國是嘉靖時南京常州府無錫縣（今江蘇省無錫市）的圖書文物收藏家和刻書家 民泰是他的字，而這個李經本從字體來看，也像當時南京蘇州府、常州府一帶刊刻的標準嘉靖本而不像陝西刻本，很可能是李經委托安國代為刊刻再把書版運到西安府刷印的。這個點校本把康海、李經兩篇序都保留下來，這對研究版本會有用處。撰著者的題款也用李經本的「新安程大昌泰之」，因為這種題法看上去也比吴琯本的「宋新安程大昌著」要近於本來面目。

前面説過雍録的論述考證有一些錯誤，另外在引書上也間或出現差錯。如前面講到的漢文帝後六年匈奴入上郡、雲中，雍録誤為文帝六年。又如雍録卷二公車司馬門條所説「漢書章邯使長史請事至咸陽 留司馬門三日，師古曰凡言司馬門者」云云的漢書本當作史記「師古曰」本當作「裴駰曰」。諸如此類，在這個點校本裏都只好姑仍舊觀 不予更正，因為點校古籍只能校正後來傳寫刊刻中産生的錯誤，没有權力更改原書。再是宋人著書行文很注意避本朝君主的名諱，這次整理對這類避諱改寫的字也一律不回改 因為改了又將失去原貌 只能加個案語 説明某字本當作某 避宋某帝名諱或嫌名改就行了。還有雍録裏的地圖很多，圖的四周常分别標上東南西北，原書想均是如此，但現在的本子有時只標東西而缺南北，吴琯本缺得更多，這次整理就一律補全，所補之字均加方括弧以資區别 不另加案語。這些地圖本來都夾入正文之中，這次為了印製方便，都集中到書的最前面 只在正文裏把原有的「某某圖」一行留下，并給圖編了號碼，閲讀正文時可隨時翻看。

李經本和吴琯本都没有目録，不知是否原書即已如此，這次整理根據原書每條的標目給補了個目録。目録看上去編排得頗為零亂而欠條理，如前所説這是原書本來的毛病，代編目録自無從補救。為檢閲便利，兒子黄壽成還根據標目編了個索引。標目本來不够清楚的地方，編索引時略作文字上的增補，俾能醒目。

黄永年　一九九三年四月

雍録序

雍録十卷 宋龍圖學士程文簡公大昌之所著也。謂漢、隋、唐皆都渭南，雖稍遷改，而相距不遠 尚為易考；若夫周、秦兩世，自初興以至遷滅，屢東屢西，不常厥邑，固不可循世次地望泛而言之。於是以渭為經，取五代都地，隨列渭旁，能沿渭以推其方，而雍關地望如指掌矣，此其書之大概。而其雜相考會，則悉本之潘岳關中記與三輔黄圖、六典、長安志及吕圖、閣圖，所以述雍之故蹟，小大靡遺矣。然所圖或有差誤，皆按册擬議，而與圖、閣産其地而親見之者不同，予是以傷載記者之難言也。往歲予友大復何子仲默嘗為雍大記 顧其書垂成而卒 悲夫！昔仲默蓋嘗親以序列屬予矣，顧今猶未逮；固深念其用心之勤，期有暇日卒成其書，副厥所託，不知能否也？知西安府南埠李侯文極，政通民和之餘，盡取關中故志 刻之以傳，秋七月省災過邰，因以雍録屬予為序。於是著所私見於首 以貽考古之士。然關中之蹟，大抵諸書幸存，得有所考。讀其書者，又當有以識侯之用心焉可也。

嘉靖辛卯秋八月丁亥邰滸西山人康海序。

雍録序

右雍録十卷，宋程氏泰之所著，録周及秦、漢、隋、唐五代之事。君子曰：程録可謂博且雅矣。夫雍土周有七遷，秦有八徙，漢有三都，隋有諸坊，唐有三内，離宮別殿，厥名寔繁，至於寖微寖著，寖明寖滅，歷有迹焉。録皆右圖而左書，表以山川，明如示掌，細如石鼓、銅狄、青瑣、罘罳，悉加辨析，非博而何？夫自老氏入于函谷，釋像得之休屠，由是邪説交作，仁義充塞，天下怪誕之事，不典之祠，紛紛而起，録皆略之，間有存者，以有事端不宜泯耳。若夫金人之夢，證以有因；石婆父神，明其訛舛；興慶龍池，謂堰水所成，無他異焉：非雅而何？較諸他志，駁複尤鮮，其亦要書矣夫！然雍事余聞之繫于易，序于書，咏歌于詩，散見于春秋、禮、樂之文，不易録也。抑清濁肇分，聖神立極，其諸人倫服食，宮室器用，文字制度，皆始于雍。今三陽、姜水、上邽、玄扈，有聖神之迹在焉，可考而知也。是故以稽古者放其勛，以精一者守其道，以憲章者博其學，以删述者祖其文，以開來者承其統，以經國者法其制。嗚呼信哉，雍事其不易録矣。經固陋，承乏于斯，既有取于兹録，故刊諸郡齋，聊與諸生共焉。如其脩文，以俟君子，今吾雍幸諸賢在焉，吾又何俟哉，又何俟哉！

嘉靖十一年冬十月辛亥知西安府事南埠居士汝南李經謹序。

雍録目録

卷第二

卷第三

卷第四

卷第五

卷第六

卷第七

卷第八

卷第九

卷第十

雍録卷第一

新安程大昌泰之

五代都雍總圖

五代都雍總説

漢、隋、唐皆都渭南，雖位置稍有遷改，而相去不踰二三十里，尚易考矣。若夫周、秦兩世，自初興以至遷滅，屢東屢西，不常厥邑，若但循世次地望，泛而言之，則先後紛紜，亦與散在史册無異。予於是立渭為經，而取兩代都地，隨列渭旁，人能并渭以推其方，而關雍地望如指諸掌矣。渭之源，出隴西鳥鼠同穴山。稍東，則受秦水，秦水者，天水郡水也，秦始封在此也，故曰西垂也。又東，則大散關水入之。又東，為陳倉縣，秦文公於此得寶鷄，故又為寶鷄縣也。及至武功縣，則受斜水矣。褒、斜二水，介衙嶺而分南北，此之斜水，即二水之北派也，斜逕武功而東入于渭也。又東，為斄縣，即后稷始封之斄，斄即邰也，所謂「有邰家室」者是也。又東，逕雍縣，鳳翔府天興縣。秦惠公之故居，祈年、橐泉皆在是也。又東，為雍縣，城南則秦德公居焉，秦、漢五畤皆在其地也。五畤詳在後。又東，合漆水為岐水，太王立都渭北而兼跨周原，〔案〕太王李本皆作大王，其下悉同，不更出校語。故合兩地而稱岐周也。詳見周都岐周下。又東，逕槐里縣南，即周懿王所都也，古名犬丘，則為畜牧之地耳，至秦改名廢丘，以示周世不復興也，項羽所立三秦，此為雍王章邯之國也。廢丘對東，則澇水自此入渭矣。而秦之上林包澇水而對廢丘，故水經謂為上林故地也，其曰故者，秦舊也，以別於漢武之所廣也。渭又東，則受豐水，豐旁即周文王所都也。又東北行，則漢便門橋横亘其上，此時渭方自西南來，未全折東，故便門橋得以横絶而徑達興平也。武帝造茂陵於興平，興平即廢丘槐里也。此橋趨茂陵為便也。又東，則為鄗水，鎬即周武王之都，蓋與豐都東西對立也。又東，逕磁石門者，阿房之西門也。見水經。又自此門東行，始與阿房南北相對，故知此門當在阿房之西，不當在阿房之北也。又東，逕漢渭城之南，即秦咸陽矣。唐咸陽縣在秦都西三十餘里。秦之咸陽，孝公所都也，在漢長安西北角，故漢書紀高帝、項羽自霸上而入秦都，皆曰「西上咸陽」也。惟元和志則曰「正東維南，是為雍州」，則東多南少也，志蓋審言其詳也。并用水經，參以它證。漢都長安，其城在渭之南而咸陽之東南也。隋都亦在長安，實漢城東南十三里，隋文名其城為大興城。唐高祖因之，遂以為都，凡其宮朝城市，悉用隋舊第，稍更易故名而已。唐之都城，先統於雍州京兆府，最後始名上都也。高宗時於大興城之北東別建大明宮，故號東内，而大興城遂名西内也，西内即唐太極宮也。別有興慶宮，在太極東南角，又名南内也。

總叙雍

禹貢：「黑水、西河惟雍州。」言雍州之境，西南則包黑水，而東距冀河也。冀河，龍門河也，堯都冀州，龍門河正在其西，故曰西河也。詳見禹貢論。黑水遠矣，在唐為小勃律，以及交、廣皆是，若流沙，則又出葱嶺之西也。予之此録，專以五代帝都為言，凡五代帝都，其在禹貢雍州之境，纔十之二三耳，而予全舉雍名者，如堯都平陽，而遂該括全冀，名以冀方，非失實也。秦嘗名其都為雍縣，唐嘗名其州為雍州，皆本禹貢也。雍，壅也，四面有山，壅塞為固也。

關中

潘岳關中記曰：「秦西以隴關為限，東以函谷為界，二關之間，是為關中。」此說未盡也。函關固秦所立矣，而鳳州之散關，周尹喜嘗為令。隴西之隴關，商州之武關，原州之蕭關，藍田之嶢關，藍田縣即藍關也。其名皆已先秦而出，秦又自命其國土以為關中，則凡地在四關之内者，皆當繫關以為之名也，若專指函谷一關，則不該矣。故顏氏注高紀曰：「自函谷關以西，總名關中。」而徐廣注項羽關塞之語曰：「東函谷，南武關，西散關，北蕭關。」其説是也。其他如大震關之在隴州，瓦亭關之在原州，駱谷關之在盩厔，子午關之在長安，蒲津關之在同州，華陽關之在洋州，雖建置皆在秦後，至其設險守國而命之為關，則凡此數者，皆當在數也。故潘岳所記，不如顏、徐二説之該也。曰其關者，〔案〕曰其當作其曰。陪土束隘，中立之門，晨啟而莫閉之也。孟嘗君詐為鷄鳴以誤關吏，門開乃始得出；高祖不納它軍，已而英布攻破之：漢世函關門牡又嘗飛而它逸：則固明有扉闔。而夫形容關門之狀者，至曰「天形如疋練」，則其規制可見矣，不與壁壘同為一制也。終軍入關得裂帛，問此何為，曰：「為復傳。」復傳者，回時以半帛合符為信也。然則初從此關得帛而入，他日出關，又持此帛為驗，則是元自東入者，不容西出也耶？

三輔剏置

三輔黄圖曰：「三輔者，主爵中尉及左、右内史，武帝改曰京兆尹、左馮翊、右扶風，地理志：「武帝建元六年置左、右内史。」共治長安中，是為三輔郡，皆有都尉。」又曰：「京兆在故城南冠里，馮翊在故城内太上皇廟西，扶風在夕陽街北。」此其廨治之所也。至百官表顏師古注引黄圖，則曰：「長安以東為京兆，以北為左馮翊，渭城以西為右扶風。」則三輔分境之詳也。武帝展拓上林，東方朔曰：「如天不為變，則三輔之地，盡可為苑，何必盩厔、鄠、杜乎！」案朔所諫，尚在建元年中，而三輔立名，乃在六年，朔不應得以預言，此必史家追為之辭也。師古曰：「中尉及左、右内史，則為三輔，不必京兆、馮翊、扶風。」此説蓋强加護飾焉耳，即顔序自謂不肯攻擊本文者，皆此類也。唐通以關内道為畿内，而中置京兆府，立尹以治之，城中立兩縣，自太極宫前朱雀門外至啟夏門内，中分通衢，以為縣境，其東則隸萬年，而西隸長安，亦放漢也。

三輔黄圖

今世所傳三輔黄圖，叙載漢制特詳，最為要書。而其間有與正史不合者，如武帝思子宫在湖，湖，渭南也，萬歲宫在汾陰，汾陰，河東也，而圖皆以其宫隸諸甘泉，甘泉自在渭北，此非明誤耶？甘泉有三，惟鄠之甘則與湖縣俱在渭南，而鄠之與湖，中隔都城，不相附綴，則其誤曉然矣。其次晉灼所引謂為黄圖者，多今書所無，雖今書亦自明引某説本諸舊圖也，則今書固非古書矣。於是漸臺、彪池、高廟元始、祭社稷儀，今書皆明言祖本舊圖也。

又有引顔師古語為據者，師古唐人也，漢世安得預引而言之。又嘗命槐里為興平，興平之名，乃唐至德二年所改，又在肅宗時也。然則今圖蓋唐人增續成之，初非親生漢時，目擊漢事者也。故隨事必當立辨，不可謂其名古而不敢寘議也。

唐六典

唐世制度凡最，皆在六典。或云書成不嘗頒用。今案會要，則牛僧孺奏升諫議為三品，用六典也。正元二年定著朝班次序，〔案〕正元本當作貞元，避宋仁宗趙禎嫌名改。其後悉同，不更出校語。每班以尚書省官為首，用六典也。又其年竇參論祠祭當以監察涖之，亦援六典也。此類殆不勝述，何以遂言不嘗頒用也。草制之官每入院，必首索六典，則時制盡在焉故也。其書蓋張九齡之所上，而李林甫之所注。今其卷首直冠林甫之名，而九齡如無預。惟會要能言其以，〔案〕其下似當有所字。曰開元二十七年中書令張九齡所上，則其書成於九齡為相之日矣。然於其間有異，九齡二十三年已罷中書令，而林甫代為之，則注成而上，或在二十七年，而書之進御，當在二十四年也。

長安志

長安志者，本朝宋敏求所著也。古有長安記矣，至此改記爲志，明非一書也。宋氏家多書，如宫闕記、宫闕疏、關中記、廟記、三輔黄圖、三輔舊事，皆所采據矣，而制度因革則多本諸圖經，圖經又皆本之梁載言十道志也。李吉甫元和志比宋志則差略，然宋氏專記關雍，而關雍之在元和志僅居百一，其詳略自當不侔也。凡求關雍曲折者，宋之此志，引類相從，最爲明悉，然而細細較之，亦不免時有駁複也。且如曲臺既入未央，而又入諸三雍，是分一爲二矣。長門宫在都城之外長門亭畔，而列諸長信宫内，則失其位置矣。諸如此類，豈可苟隨無所可否也。况宫殿苑囿也者，又多空存其名，中不著事，則亦無可尋繹矣。予之此録，采用宋志爲多，若其有凡最而無事實，則亦不敢輒削。今姑序列其總，如一宫一苑，第書其宫何在，某苑何屬，錯列以成一圖，使人可以案方求地。而其中館殿池籞，須因事可以發揮，則别主正史，而附旁言以究。其説雖有據，而直列古書本文，無可辨正，則亦不以入録，恐其贅也。

五代城苑宫殿

吕圖閣圖

元豐三年，吕大防知永興軍，檢案長安都邑城市宫殿故基，立爲之圖。凡唐世邑屋宫苑，至此時已自不存，特其山水地望，悉是親見，今故本而言之，若與古記不合，亦加訂正。其稱閣圖者，即紹興祕書省本也。

周

邰 不窋城

后稷都邰，邰與斄同。在京兆府武功縣，縣距唐都之西一百四十里。已後凡云府者，皆唐都京兆府也。夫唐府不容可該歷代矣，然而漢都在長安鄉，唐都在龍首原，各以時語名之，本無定號，今既本元和郡縣以言古事，必主唐制，乃有的地可求。它皆放此。后稷始封于邰，詩曰「有邰家室」是也。元和志曰：「邰在渭水之南，漢郿縣地也。縣西南二十二里有故斄城，又有后稷祠、姜原祠。」其裔孫不窋奔于戎狄，唐慶州東南三里有不窋城，蓋慶州古為夷狄所據也。

豳

公劉自慶州徙都于邠，邠州新平縣即其地也，在唐都西北三百里。漢匈奴傳曰：「夏道衰，公劉失其稷官，變于西戎，邑于豳。」師古曰：「今豳州是其地也。」凡篤公劉一詩所叙取材、治屋、積食、除戎以立久計者，皆此邠也。至太王為狄所侵，不忍用人於刃，則避邠而去，轉至岐下也。邠、豳字同，孟子之叙去邠，不用豳字，開元十三年槩改古文以為今文，又特詔書豳為邠，故豳為唐邠州也。

自邠遷岐

邠州在岐州西北二百五十餘里。而邠南一百三十里是為奉天縣，有梁山焉，秦始皇之梁山宮正在其地，即太王去邠所踰之梁山也，非禹貢「治梁及岐」之梁山矣。渭水在梁山之南，循水之西而上，可以達岐，故詩謂「率西水滸，至于岐下」也。古皆乘車，此曰「走馬」，恐此時或已變乘為騎也。晨即走馬西上，不暇駕車，足以見其避狄之際，迫遽甚矣。太王既已至岐，則遂營宮室，殖材木，全富庶教，皆有規摹矣。王季從而憑效焉，故詩曰：「帝作邦作對，自太伯、王季。」書曰：「太王肇基王迹，王季其勤王家，我文考文王，克成厥勳。」蓋周之王業，始於太王而成於文王，故易謂「王用亨于岐山」，而詩謂文王之興本由太王也。天作之詩曰：「太王荒之，文王康之。」亦皆主太王以言創垂也。文王之在岐也，有鸑鷟來鳴其地，周人以為己瑞，故岐山縣之山名鳳皇堆也。孔子恨其生之不辰，故曰：「鳳鳥不至，吾已矣夫！」而周公亦曰：「耇造德不降，我則鳴鳥不聞，矧曰其有能格。」然則周人信嘗以鳳為瑞矣。顧黄霸以鶡鳥為神雀，馬德儒以孔雀為文鸞，則欺罔耳。然而巢阿閣、儀九韶，固足以表盛治，而夏、商無之，亦不害其為帝王也，則有鳳固不必詆，而無鳳亦不為闕也。帝皇之世，河、洛皆出圖書，而商、周無之，豈以不足為劣也。

岐州岐山岐水

太王都岐周，岐周在鳳翔府西五十里，〔案〕岐周至西五八字李本脱去。鳳翔府東至唐都三百一十里，是岐周之地在唐都西三百六十里也。渭水至雍州岐陽縣，即漢之杜陽縣。與漆水、杜水三者合會于一，而岐水本名未改，故仍稱岐水也。岐水之北，有岐山焉，太王所邑也。邑在岐水之北，岐山之南，古語山南為陽，水北為陽，故詩曰：「居岐之陽，在渭之將。」而後世又名其地以為岐陽也，蓋山水皆可名陽也。岐水之南，有周原焉，詩謂「周原膴膴，堇荼如飴」者是也。太王初基，必以岐山之下地差狹少，不能容衆，故跨渭而南，兼據周原以廣其聚也。后稷初封于邰，至此始改號周，故孟子曰「文王生於岐周」也。文王之生既在岐周，則自太王以及王季，皆居岐周不嘗它徙也。水經曰：「岐水又南五十里，有邵亭，邵亭者，邵公采邑也。」又有周城，周城者，周公采邑也。皆文王時所封建也，文王必嘗得命于商也。

豐 畢郢

文王都豐，在鄠縣，縣在府西南六十五里。長安志曰：「豐水出終南山豐谷，自鄠縣東行，至咸陽而向北，以入于渭。」禹貢謂「導渭而東會于豐」者，其水派然也。史記曰：「文王伐崇侯虎而作豐邑。」崇國在秦、晉之間，蓋龍門河之西也。伐崇之後，自岐遷都于豐，故豐水之西有豐宫也。長安志曰：「其宫今在鄠縣。」靈臺、靈沼、靈囿，皆屬其地也。臺、沼、囿詩人皆嘗頌其靈矣，而不載其制，今無可考，獨靈臺遺址至正觀尚在，〔案〕正觀本當作貞觀，避宋仁宗趙禎嫌名改。其後悉同，不更出校語。故魏王泰括地志曰：「辟雍、靈沼，今悉無復處，惟靈臺孤立，高二丈，周回一百二十步」也。詩曰：「豐水東注，維禹之績。」豐源發南，而其末流投北入渭，未嘗東也，其曰「東注」者，渭正流東，豐已入渭，則遂與之俱東也。書曰：「涇屬渭汭，漆沮既從，豐水攸同。」非漆、沮先已入渭而豐水始與之同也，皆要其首末而槩為若言也。武王繼文，雖改邑于鎬，而豐宮元不移徙，每遇大事，如伐商、作洛之類，皆步自宗周而往，以其事告于豐廟，不敢專也。鄗在豐東二十五里，故既可步往，又可朝發而即至也。徐廣三輔決録。左傳曰：「康有酆宮之朝。」則康王雖仍都鎬，而其受朝仍在豐地，是亦循武王宗豐之意也。元和志、長安志皆謂王季遷都櫟陽，此其説本出周書也，曰「惟王季宅于程」，程在安陵北。安陵，惠帝陵。在咸陽縣東。或者以程為郢，又近櫟陽，故有王季改都之説，然孟子明曰「文王生於岐周，卒於畢郢」，若王季既已去郢，則文王之生安得而在岐周也。其曰「卒於畢郢」，却恐文王之没適在畢郢，則不可知也。周公在豐將没，欲葬成周，公薨，成王葬于畢，孔安國曰：「成王不敢臣周公，故使近文、武之墓，墓在畢也。」以事揣之，文王之卒在畢，故葬亦在畢也。畢郢連稱，必是同在一地，或者因以郢為文都，恐未然也。

鎬

長安志曰：「鎬水出鎬池，在長安縣西北十八里。」水經注曰：「鎬水上承鎬池於昆明池北。」武王自豐徙都于鎬，相去二十五里。詩曰：「考卜維王，宅是鎬京，惟龜正之，成王成之。」〔案〕成王當作武王。又曰：「武王能廣文王之聲，卒其伐功。」周之大統，至鎬而集，天下宗之，故鎬京又名宗周也。諸家皆言自漢武帝穿昆明後，鎬京故基，淪入於池，無復可究，獨梁載言十道志曰：「鎬池，一名元阯，在昆明池北，始皇毁之。」詩曰：「滮池北流，浸彼稻田。」則似别有一池名滮，故水經曰「鄗水北流，與滮池合」也。若毛公所傳則異矣，曰：「滮，流浪也，而世傳以為水名。」蓋疑不當有鎬池而又有滮池也。平陰道中山鬼反璧，曰「以遺鎬池君」者，指武王都鎬而言之，蓋借伐紂之義以警秦也。

秦

秦都世次

史記秦紀：「舜賜柏翳姓為嬴氏，在西戎，保西垂。其後造父為周穆王御，封趙城為趙氏。非子居犬丘，周孝王使主馬于汧、渭之間，馬大蕃息，遂邑之秦。徐廣曰：「今天水隴西縣秦亭也。」至周宣王時，秦仲始大有車馬禮樂，既而為西戎所殺。其子破戎有功，遂并大駱地及犬丘，即廢丘槐里縣。封為西垂大夫。及周幽王為犬戎所弑，襄公救難有功，平王避戎東徙洛邑，遂舉岐以西封爵襄公。襄公立西畤，伐戎，至岐而卒。文王居岐為鄜畤，徐廣曰：「鄜縣，屬馮翊。〔案〕文王當作文公。收周餘民而有之，其疆土至岐，遂以其地獻周，得陳寶。在鳳翔寶鷄縣。寧公徙居平陽。徐廣曰：「郿之平陽亭。」德公居雍城。雍，唐之鳳翔府天興縣，東至唐都三百一十里。徐廣曰：「今縣在扶風。」〔案〕三百一十里李本作二百一十里，誤。獻公城櫟陽，徙都之。孝公作為咸陽，築冀闕而都焉。」地在渭北，而其方則長樂宮西北也。獻公四年為周烈王之二年，是時孝公已生，周太史儋見獻公曰：「始周與秦國合而別，別五百載復合，十七載而霸王出。」韋昭曰：「周封秦為始則，〔案〕則當作別。謂秦仲也。五百歲，謂從秦仲至孝公强大，顯王致霸，與之親合也。」徐廣曰：「從此後十七年而秦昭王立。」闞駰曰：〔案〕闞駰當作裴駰。「謂昭、武王霸，〔案〕昭、武王當作武、昭王。至始皇而王天下。」

秦宮雜名

秦先世居邑數遷，故其宮殿散在關中者多，固嘗居之，不皆可以名為離宮也。文王萯陽宮在鄠縣。昭王棫陽宮在岐州扶風。文王西垂。不知何屬。〔案〕文王當作文公。武公平陽宮在華山下。橐泉宮、祈年觀在雍縣。或云一宮，水經有辨，在後。太后虢宮在岐州虢縣，廟記曰：「在城外。」始皇本紀謂在雍也。步高宮、步壽宮皆在新豐。長楊宮、射熊館、青梧觀、五柞觀皆在盩厔。黄圖。襄王芷陽宮在霸上。水經。

祈年宮 槖泉宮 穆公墓

酈道元注水經曰：「雍縣中牢井，音勞，與牢同。秦惠公之故居，所謂祈年宮也，孝公又謂之槖泉宮。」據酈此言，則是惠公所都雍縣有祈年，至孝公命為槖泉，名雖兩出，其實一宮也。酈又案地理志，知其地皆屬雍縣。又引崔駰之言曰：〔案〕崔駰當作裴駰。「穆公冢在槖泉宮祈年觀下。」又從而辨正其失曰：「劉向固言穆公葬無丘壟處矣，惠公、孝公，並是穆公繼世之君，子孫無由起宮於祖宗之墳陵也，以是推之，知二證之非實也。」予推酈此言，則是祈年、槖泉，皆在惠公雍都，而亦不知何人所建。獨漢書曰：「祈年宮，惠公所起也。」黄圖祈為蘄，且曰：「穆公所造。」廟記曰：「宮在城外。」而始皇本紀則曰：「在雍。」皆以世遠，難究其的也。

咸陽

秦都咸陽，在府西微北四十里，本杜縣地也。至唐咸陽縣，則在秦都之西二十二里，名雖襲秦，地非故處矣。古語山南曰陽，水北曰陽。陽，日也。日出天東，躔景斜射，凡山之南面，水之北厓，皆先受照，故山以南為陽，水以北為陽。秦之所都，若槩舉其凡，則在九嵕諸山之南，渭水之北，名為咸陽，其不爽矣。若細細推求，則秦之朝宫苑殿，固在渭北，而秦都實跨渭水，跨渭則兼據渭南，不得名為咸陽矣。史記、黄圖、元和志皆曰：「始皇都咸陽，引渭水貫都，以象天漢，横橋南度，以法牽牛。」此既可見渭之兼在都南矣。而猶謂山水皆陽者，本秦之朝市宫苑多在渭北，而總命名以此也。於是史記、水經凡序長樂，悉以其地繫之咸陽，而於甘泉、阿房，亦自明命以為咸陽之前殿也，則咸陽之名又嘗兼踰渭南也，此又不可不知也。

冀闕

孝公改都咸陽，築冀闕。其曰闕者，必古象魏矣，而何以摽名為冀也？案史記：「孝公十一年，衛鞅圍安邑，降之。十二年，作冀闕。」冀者，冀州也，安邑即冀州之邑也，冀之為州，堯、舜、禹皆嘗都焉，今此孝公已得冀州，而作冀闕，其必放古闕存者而創立此名也。秦之諸君，皆嘗非古以自是矣，而始皇之都南跨渭水者，亦慕文、武之豐、鎬也。則冀闕之名之制，或亦放古為之也。秦本紀曰：「秦每破諸侯，寫放其宫室，作之咸陽北坂上。」則冀闕也者，亦其寫放宫室之一歟？

渭北宫殿

孝公都咸陽，而始皇因之。初時所造宫室，多在渭北，每破侯國，即寫放其宫室，作之咸陽北坂上，徐廣曰：「在長安西北，漢武帝時别名渭城阪，即九嵕諸山麓也。」以所得美人鐘鼓以充之。至三輔黄圖則曰：「秦每破諸侯，徹其宫室，作之咸陽北阪上。」則恐無此理也。諸侯宫室，絶有遠者，如燕如楚，地迂水逆，豈其可以徹移使之入關也。〔案〕豈其可以李本作豈可以，此吴本則其可二字作小字横列，蓋初亦無其字，後補刻擠入。若曰寫放為之，則有理矣，如兼六國車乘，而大駕遂為八十乘，是其所得寫放者也。故當以史記為正也。賈山曰：「秦起咸陽而西至雍，離宫三百，鐘鼓帷帳，不移而具。」後及漢世，宫在渭北而存者，惟蘭池、林光、粱山為最顯，而望夷、雲閣，亦皆不存，則必為項羽所火矣。

阿房一

始皇既并天下，狹小先王宫庭，三十五年，别渡渭南立上林苑，中建阿房。阿房也者，名其用，則曰朝宫；名其方，則曰前殿；言其高廣之制，則曰上可以坐萬人，下可以建五丈旗，庭中可容十萬人；記其緜亘，則閣道八十里，直抵麗山，人行橋上，車行橋下也。然而名為朝宮，而朝者來自何方，則所不載。獨有磁石門者，以磁石爲門，期以吸脅胡人隱刃，名曰却胡門，此即北入之門矣。審求其地，則在鎬水趨渭之處，故水經主漢城而命其方，則曰此阿房之西門矣。若自主阿房而命之，則當曰北門也。黄圖曰：「宮，秦惠文王所造。」史記直云始皇也。然考首末，則始皇之世尚未竟功也。二世曰：「先帝爲咸陽故廷小，故營阿房爲室堂，未就，會上崩，罷其作者，復土酈山，酈山事大畢，阿房弗就，則是章先帝舉事過也。」復作阿房宮，如始皇計。二世既復舉役，而周章百萬之軍已至戲水，乃赦酈山徒使往擊之。此時始皇陵既已復土，則麗山所發之徒，迺其留治阿房者也。則是勝、廣已亂，而阿房之堂室未竟也。至於阿房名義，則史無明載。黄圖、漢書又有阿城之名，與之雜出。師古曰：「言殿之四阿皆爲房也。」長安志曰：「一説大陵曰阿，言其殿高，若於山阿爲房也。」又曰：「以其近咸陽，未有名，故且號阿旁，阿，近也。」史記曰：「阿房未成，宮成欲更擇令名名之，故天下謂之阿房宮。」此數説者，皆無定指，予獨謂以史記之説爲近也。二世固曰「先帝營阿房室堂未成」，則四旁有殿，已立址而未有堂室也。夫廊廡則内拱堂室者也，室堂則中乎廊廡者也，爲如許大宮，而總名以房，則是室堂未就，名又未立，姑以房名也。則史記謂宮成而别擇令名者，語與事合也。夫四阿皆已爲房，而中無室堂，則八十里閣道，是謂四阿之房矣。約其命役先後，則其序亦略可言也，未爲屋先爲城，城成而人呼名阿城也，城始為廊廡而未暇立殿，故終名阿房，皆紀實也。東方朔傳釋阿城者曰：「秦阿房宮牆壁崇廣，故俗呼阿城也。」長安志曰：「阿房三面有牆，南面無牆，周五十里，崇八尺。」此即阿房屋已不存而餘牆尚存者也。漢吾丘壽王舉籍阿城以南，入之上林，則又單稱阿城，不言阿房，是或楚火後屋不存而城在也。唐高祖初取長安，太宗自阿城入，則阿城也者，久已轉為地名矣。

阿房二

杜牧賦阿房，其意遠，其辭麗，吳武陵至以王佐譽之。今用秦事參考，則其所賦，可疑者多。其叙宮宇之盛曰：「覆壓三百餘里，隔離天日。」按始皇紀，作阿房在三十五年，「周馳為閣道，自殿下直抵南山。」據地里而約計之，自渭水而南，直抵南山，僅可百許里，若從東西横計之，則自鄠、杜以至滻水，亦無百里，安得蓋覆三百餘里也。及其叙妃嬪之盛，則曰：「王子皇孫，輦來于秦，為秦宮人，有不可得見者三十六年。」此又誤也。始皇立二十六年，初並六國，則二十五年前未能盡致侯國子女也，安得三十六年不見御幸也耶？按本紀曰：「秦每破諸侯，寫放其宮室，作之咸陽北坂上，即渭城也。南臨渭，自雍門，以東至涇、渭，殿屋複道，周閣相屬，所得諸侯美人、鐘鼓以充入之。」則宮室嬪御之盛，如賦所言，乃渭北宫宇中事，非阿房也。阿房終始皇之世未嘗訖役，工徒之多，至數萬人，二世取之，以供驪山，未幾周章軍至戲，則又取此役徒以充戰士，則是歌臺舞榭，元未落成，宫人未嘗得居也，安得有脂水可棄，而漲渭以膩也。其曰「上可坐萬人，下可建立五丈旗」者，乃其立模，期使及此，而始皇未嘗於此受朝也，則可以知其初撫未究也。而牧皆援渭北所載以實渭南，豈非誤歟！

漢唐宫苑城闕圖

漢唐要地參出圖

龍首山龍首原

漢長安城在龍首山上，周豐、鎬之東北也。龍首山來自樊川，其初由南向北，行至渭濱，乃始折轉向東。漢之未央，據其折東高處，以為之基，地形既高，故宫基不假累築，直出長安城上。張衡西京賦曰：「疏龍首以抗殿。」抗者，引而高之之謂也。水經、關中記及三秦記所載形勢略同，〔案〕三秦記李本作二秦記，誤。且曰：「此山長六十里，頭入渭水，尾達樊川，頭高二十丈，尾漸下可六七丈，色赤，舊傳有黑龍從南山出，飲渭水，其行道因行成迹也。」用此推之，則此山並渭折東之地，高於初出樊川時也。漢世既據其上立未央宮矣，而其山勢尚且東趨，亦皆高出平地，唐大明宮又遂據其趨東之隴，以為之址，故正殿之名含元者，高於平地至四十尺也。若夫此山方發樊川而未及折東也，其北行之勢，垂坡東下，以為平原，是為龍首原也。其分枝為六坡處，約在漢長安城南。原有六坡，隱起平地。隋文帝包據六坡，以為都城，名曰大興，以其正殿亦名大興。大興殿所據，即其東垂之坡，自北而南第二坡也。詳見六坡下。從平地言之，則坡陁而高，然不能貫山以為之高，是故命其原以為龍首原也。見六典。唐高祖、太宗建都，因隋之舊，無所改剏，特取宮基故名而易之耳。至高宗已染風痺，惡太極宮下濕，遂遷據東北角龍首山上，別為大明一宮。自丹鳳門北則有含元殿，又北則有宣政殿，又北則有紫宸殿，此三殿者，南北相沓，皆在山上，至紫宸又北而為蓬萊，則山勢盡矣，故可引水以為蓬萊山池也。此其大略也。含元殿前丹鳳門已在平地，含元、宣政、紫宸則在山上，蓬萊殿必在山北平地，詳在金鑾坡下。

雍録卷第二

新安程大昌泰之

漢長安城圖

長安宫及城

漢高帝自櫟陽徙都長安，長安也者，因其縣有長安鄉而取之以名也。地有秦興樂宫，亦名長樂。高帝改修而居之，即長樂宫也。此本秦之離宫，故不立城郭。至惠帝始大起民丁城之，蓋數年而後訖功也。皇覽曰：「秦有小城，至惠帝乃始大之。」理固然也。凡離宫皆不爲城，第有繚垣，張衡西京賦曰：「繚垣緜聯，四百餘里。」華清宫繚牆周乎驪山，是其例也。高帝徙都長安，而不即治城，豈其忽於設險，以天下方定，愛惜事力，亦猶怒責蕭何之意耳。唐之禁苑，至爲廣袤，亦僅有垣牆而已。李晟平朱泚，自光泰門隤苑垣入，賊伐木塞之，史萬頃拔栅而入，無城可攻故也。

横門 東市　横橋

以黄圖考之，長安城北面從西數來第一門名横門，門外有橋曰横橋，横音光。吕相長安圖亦同。杜甫高都護驄馬行曰：「青絲絡頭為君老，何由却出横門道。」言兵不北出，自横門渡渭而西，即是趨西域之路。則此馬之能，無地以施也。又黄圖：「長安有九市，其三在道東。」司馬季主卜於東市，晁錯朝服斬於東市，皆其道東之市也。市在突門，夾横橋大道。水經曰：「光門，亦名突門，在長安西從南來第三門。」正與黄圖、吕圖之謂横門者隅角相次。故黄圖、吕圖之謂在北者，即與水經謂突門、光門為在城西面者相應也。今去古遠，不敢以何為定。

漢宫及離宫圖

總説

天子之居，當為正宫，其外皆離宫也。漢都長安，若未央則其刱為，至長樂則因秦而加葺治者也。兩宫初成，朝諸侯羣臣乃於長樂，叔孫緜蕞蓋首施乎此，不在未央也。至高帝登假，亦在長樂，則長樂也者，既以為居，又以受朝，無異乎正宫矣。然自惠帝以後，人主皆居未央，而長樂常奉母后，則雖長樂亦當命為離宫，而未央當為正宫也。故凡語及長樂者，多曰東朝，則其名固已分乎正宫矣。至於甘泉，雖在長安東北三百里外，為夫方士輩多云古帝王之所嘗都，〔案〕輂當作輩。故武帝立朝邸其上，而藩侯夷酋有來朝者，亦皆受之於此。若其常制，則類以五月往，八月還，蓋避暑耳。此外如建章、桂宫、北宫之類，雖在都城，亦離宫矣，況其遠城者乎！黄圖曰：「漢畿千里，内外宫館一百四十五所。」班固西都賦曰：「前乘秦嶺，後越九嵕，東薄河、華，西涉岐、雍，宫館所歷，百有餘區。」秦離宫三百，漢武往往修治之，黄山、長楊、步壽之類，秦有之，漢亦有之，為此故也。此類復出者，不繫事要，則不詳載。

未央長樂位置

未央在漢城西隅，而長樂乃其東隅也。秦樗里子百年前已嘗言之，漢興，其言果驗。據元和志所言，則曰兩宫相距，中間正隔一里，志云：「未央在唐長安縣西北十五里，長樂在長安縣東十四里。」此一里所即武庫，樗里子墓介乎其中者也。及至水經，則曰「鼎路門北對未央，而杜門北對長樂」也，杜門者，城南面東來第一門也，鼎路門者，南面東來第二門也，兩門正相次比，則中隔一里，不失其為相並也。至黄圖之與吕圖則異矣，謂「長樂南直杜門」，則其方鄉不誤，至謂「便門北對未央」，則可議也。蓋便門者，城南面東來第三門，而鼎路門者，南面東來第二門也，水經謂未央對第二門，而黄圖、吕圖云對第三門，則遞差一門矣。予細以地里求之，然後知數説者皆是也。何以知其然也？黄圖曰「長安城經緯皆三十二里」，則城中四面縱廣皆三十二里也，黄圖又曰「未央周回二十八里」，圍三徑一，則每當九里而贏也，「長樂周回二十里」，用三一法度之，則每面亦當七里而近也，積兩數而分求之，兩宫横亘城中自為十六里，其在都城之内，東西自占半城矣。元和志謂為相距一里者，命其垣墉相抵之地，故其廣輪狹於水經也。水經、吕圖謂東西相望者，舉其横亘之數，故比志為闊也。予故曰三説皆是也。括地志亦曰「未央在城中近西南隅」，其説亦同也

未央宫

已下皆徒名不著事迹者

宣室　麒麟　金華　承明　武臺　鈎弋　壽成　萬歲　廣明

椒房　清涼　永延　玉堂〔案〕玉堂李本作王堂，誤。　壽安　平就　宣德

東明　飛雨　鳳凰　通光　曲臺　白虎　增成　昭陽　高門

猗蘭　飛羽　敬法　麒麟閣　天禄閣　金馬門　青瑣門　玄武閣

蒼飛閣　朱鳥堂　畫堂甲觀　延年　合歡　四車　宣明　長年

温室　昆德　神明　漸臺　織室　凌室　武臺〔案〕武臺二字李本無。

右見三輔黄圖。

東闕　北闕　司馬門　掖門　端門〔案〕端門二字李本脱去。　武庫　太倉

金馬門　白虎門　長秋門　青瑣門　高門殿　猗蘭殿　承明殿

清涼殿　宣室殿　温室殿　金華殿　玉堂殿　白虎殿　飛羽殿

敬法殿　麒麟殿　宴昵殿　長年殿　神仙殿　曲臺殿　蘭林殿　合歡殿　披香殿　鳳凰殿　鴛鴦殿　含章殿　朱雀殿　安處殿　常寧殿　茝若殿　發越殿　蕙草殿　壽成殿　萬歲殿　廣明殿　永延殿

壽安殿　宣德殿　東明殿　通光殿　傿殿　高明殿　延年殿

四車殿　朱馬殿　龍興殿　椒房殿　昭陽殿　增成舍　椒風舍　月景臺　雲光殿　鳴鑾殿　開襟閣　臨池觀　柏梁臺　承明廬　天禄閣　石渠閣　麒麟閣　蘭臺　漸臺　倉池　紫宫　養德宫　凌室

織室　武臺殿　東山臺　西山臺　朱鳥堂　畫堂

右見長安志已上二書，聚著宫殿名稱，而不繫時政，故仍其凡最，聚見于此。若其中有嘗附出時事者，隨

事具之于後。

未央宫著事迹者

東闕北闕

師古曰：「未央殿雖南嚮，而上書奏事謁見之徒，皆詣北闕，公車司馬亦在此焉。」是似以北闕為正門矣。而又有東闕。至於西南兩面，無門闕矣。關中記曰：「未央東有蒼龍，〔案〕蒼龍下當有闕字。北有元武闕。〔案〕元武本當作玄武，避宋始祖趙玄朗諱改。其下悉同，不更出校語。元武闕即北闕已。又有閶闔門、止車門。」有門無闕也。至廟記則曰：「未央有白虎闕、屬車闕。」按漢書，蒼龍、元武既為東、北闕名，則夫白虎也者，當為西闕矣，不知所記孰真也。若夫闕之得名也，以其立土為高，夾峙宫門兩旁，而中間闕然也。周官象魏，春秋兩觀，皆其物矣。秦始皇表南山為闕，取峯巒凹處名之為闕也。東晉寓金陵，或欲造闕，王導指牛首山曰：「此天闕闕也。」〔案〕天闕下重一闕字，當删去。則闕之為制可想矣。長樂、建章皆有闕。

端門掖門 誃門　側門

凡宫之正門，皆可名端門。文帝初入未央宫，有謁者持戟端門。師古曰：「殿之正門也」。西京賦注曰：「端闈，正門也。」黄圖曰：「秦宫室端門四達。」昌邑王傳：「鼠舞端門。」師古曰：「正門也。」則是殿之四面，凡其正出之門，皆可名為端門也。漢書曰：「朱虚侯章從太尉勃請卒千人，入未央宫掖門。」師古曰：「非正門而在兩旁，若人之臂掖也。」御覽曰：「出禁省為殿門，外出大道為掖門。」則不特夾立正門之旁乃為掖門，雖殿門外他出之門皆可名為掖門也。漢薛宣傳：「宣子况令楊明遮斫申咸於宫門外，廷尉直議曰：『本争私變，雖於掖門外傷咸，與凡鬭無异。』」此則殿外有門可出通衢者皆名掖門之證也。唐門下比省在日華門，〔案〕門下比省當作門下北省。名左掖，亦名東省，中書北省在月華門，名右掖，亦名西掖。〔案〕西掖當作西省。此之日華、月華者，立門自在宣政殿東西兩廊，出門未是宫外，而亦以掖名之，則是殿門自正門外旁或有門，皆為掖門也。又有誃門者，宫中便門之稱也。張衡賦曰：「誃門曲榭。」注曰：「誃門，冰室門也，東都宣陽門内有冰室也。」沈氏筆談曰：「案字訓，誃，别也，别門故以對曲榭，無定處也。」諸侯王表：「周有逃責之臺。」劉德曰「洛陽南宫誃、臺」是也。則臺之别出亦可名誃也。唐大明宫朝堂外左右金吾仗之側，有曰側門者，以其在端門旁側也。景龍中，於側門降斜封墨敕，授人以官，號斜封官；又十三年敕，諫官如要側門論事，即令引對；元宗時，〔案〕元宗本當作玄宗，避宋始祖趙玄朗諱改。其後悉同，不更出校語。諸王退朝，於側門候進止；其後又於側門受詞訟；開元元年敕，都督、刺史之官，皆引面辭，側門取進止；十二年，御史出使，於側門進狀取處分：會要六十二。皆取正殿旁側為義也。

公車司馬門 禁中 省中

漢書：「張邯使長史請事，〔案〕張邯李本作章邯，是。至咸陽，留司馬門三日。」師古曰：「凡言司馬門者，宮垣之內，兵衛所在，四面皆有司馬，司馬主武事，故總謂宮之外門為司馬門」。又：「初元五年，令從官給事宮司馬中者，得為大父母、父母、兄弟通籍。」應劭曰：「司馬中者，宮內門也，司馬主武，兵禁之意也。」師古曰：「司馬門者，宮之外門也，衛尉有八屯衛候司馬，主衛士徼巡宿衛，每面各二司馬，故謂宮之外門為司馬門」。每面二司馬，是四面八司馬也。又：「張釋之為公車令，太子與梁王共車入朝，不下司馬門，釋之追上，〔案〕上李本作止，是。劾奏之。」如淳曰：「宮衛令：諸衛出入殿門、公車司馬門者皆下，不如令，罰金四兩。」「成帝永始四年，未央宮東司馬門災。」案此即是宮門四面皆有司馬門。自司馬門内則為禁中，孝元之后父名禁，避諱，改禁中為省中，禁者，有所禁止也，省者，察也。省本為察之省，今轉為省府之省，亦如古今通呼尚書之尚為常，僕射之射為夜，皆一類也。漢制：官于禁中者，皆有二尺竹籍，記人之年、名、字、物色，垂之宫門，案省相應，乃得入也。古今話。〔案〕話當作注。初元之制，凡從官給事官司馬門中者，〔案〕官司馬門當作宫司馬門。得為親屬通籍，非通籍不得入，則夫禁中之門立籍以行案省者，正以防禁省察為義也。

宣室　殿閣　夜對

長安志曰：「賈誼傳：『上方受釐宣室。』蘇林曰：『宣室，未央前正室也。』武帝為竇太主置酒宣室，東方朔曰：『宣室者，先帝之正處也，非法度之政，不得入焉。』宣帝甘露四年，未央宫宣室閣災。刑法志曰：『宣帝常幸宣室，齋居而決事。』如淳曰：『宣室，布政教之室也。』晉灼曰：『未央宫中有宣室殿。』師古曰：『其殿在前殿之側，齋則居之。』淮南子曰：『武王殺紂於宣室。』漢亦用古名也耶？」長安志。合此數者觀之，文帝以受釐而前席賈誼，宣帝齋居而程決政事，則師古謂為側齋之室信矣。凡漢閣多附殿為名，如麒麟殿則有麒麟閣，故宣室殿亦有宣室閣。古朝羣臣，必以大昕，「晝以訪問」者是也，雖以文王之勤，亦曰「自朝至昃，不遑暇食」而已，「夕以修令」，亦必使人臣為之，而夫夜對臣下，考求未見其始。

書曰：「以旦夕承弼厥辟」，雖曰專責侍御僕從，然而承弼通乎旦夕，則夜亦見君也。詩曰：「邦君諸侯，莫肯朝夕。」左傳曰：「朝而不夕。」則責其一日而不能兩朝耳，非夜見之文也。唐世内諸司日仍兩朝者，是其遺制也，亦給事中夕入青瑣門對拜者也。漢文帝久不見賈誼，而於宣室夜半前席焉，則前此所無也，或者是時已有夜直備問，如待詔公車、金馬者耶，而被宣入問者偶所不書耳。漢武游宴後庭，外臣所不得至，則以宦者傳達内外，此中書令之所由置也。孝宣五日一聽事，丞相已下，以次奏職，則亦晝朝而已。至唐太宗則洪文學士十八人，〔案〕洪文本當作弘文，避宋太祖父趙弘殷諱改。其後悉同，不更出校語。分三番遞宿，以備引對，則不間晝夜矣。此制傳後不廢，柳公權夜對燭盡，宫人濡蠟紙以繼也。至代宗又别開延英，非受朝日亦對羣臣，此則太宗遺訓也。

玉堂

楊雄傳晉灼曰：〔案〕楊雄當作揚雄，其後悉同，不更出校語。「黄圖有大玉堂、小玉堂殿。」李尋待詔黄門，得預入直，而曰「久汙玉堂之直」者，〔案〕玉堂之直本當作玉堂之署，避宋英宗趙曙嫌名改。其後悉同，不更出校語。言直廬在玉堂外也。

承明殿

承明殿，師古曰：「在未央宫中。」翼奉曰：「孝文時未央宫又無高門、麒麟之殿，獨有前殿、曲臺、漸臺、温室、承明耳。」則承明有殿，先乎武帝之世矣。霍光傳：「太后車駕幸未央宫承明殿，盛服坐武帳，期門武士陛戟陳列殿下，罪狀昌邑王。」則其地非燕閒常御之地矣。然則待詔承明，而廬于石渠門外者，此之石渠，必與承明相距不遠也。

曲臺

秦有曲臺宫。鄒陽傳曰：「秦倚曲臺之宫，垂衡天下，畫地而不犯。」應劭曰：「秦皇所治。」亦不云臺在何地。漢書：「孟喜舉孝廉，爲曲臺直長。」直之本字諱。〔案〕本當作曲臺署長，避宋英宗趙曙嫌名改。師古曰：「曲臺，殿名也，爲長者，主執其事也。」又孟卿傳：「后倉説數萬言，號后氏曲臺記。」服虔曰：「在曲臺校書記，因以爲名。」黄圖及師古皆云殿在未央宫。又藝文志如淳曰：「行射禮於曲臺，后倉爲記，故名曲臺記。」漢書曰：「大射於曲臺。」晉灼曰：「天子射宫，西京無太學，於此行禮也。」漢書曰：「成帝行幸曲臺，臨饗，代去衛士。」枚乘傳：「游曲臺，臨上路，不如朝夕之池。」張晏曰：「曲臺，在長安，臺臨道上。」然則述禮之士，預射之衆，與夫術士辭代而去，〔案〕術士當作衞士。皆在臺側，則其地必當行路衝要，〔案〕行路衝要李本作行衝要，此吴本則路衝二字作小字横列，蓋初亦無路字，後補刻擠入。不在宫中深邃之地矣。長安志於曲臺凡三出：其一則在未央，其一則列乎三雍之次，又其一則雜叙在宫館之數。以予考之，本止未央有此臺，而志誤分三也。

石渠閣

三輔故事曰：「在未央大殿之北，礱石為渠以導水，中藏蕭何所得秦世圖籍。」以水經約其地望，則滄池在未央西南，此之為渠，必引滄池下流轉北，以充成其為渠也。水之又北，遂轉行乎明光、桂宫之間，謂之明渠也。又益趨東，則長樂之有酒池，都城之東有王渠，皆此水也。宣帝甘露中，五經諸儒雜論於石渠閣。

天禄閣

三輔故事曰：「在未央大殿之北。」天禄，異獸也。即楊雄校書處。

麒麟閣

未央宫有麒麟殿，又有麒麟閣。張晏曰：「武帝獲麒麟，作此閣。」師古引漢疏則曰：「蕭何所造也。」然以漢語考之，晏説是也。麒麟必先有殿，而後閣名附之以出，如直承明而為承明之廬，直玉堂而為玉堂之直，正其類也。翼奉傳曰：「孝文時未有麒麟、武臺等殿。」則安得謂為蕭何所造也。宣帝圖功臣霍光等於麒麟閣，則以藏書之地，清貴可尚，而章顯功臣於此也。哀帝置酒麒麟殿，宴董賢父子。黄圖曰：「未央有麒麟殿，藏秘書，即楊雄校書處。」雄以校書為任，故天禄、麒麟皆可得而至。

蘭臺

漢百官表：「御史中丞在殿中蘭殿，〔案〕蘭殿當作蘭臺。掌圖籍秘書，外督部刺史，内領侍御史，受公卿奏事舉劾按章。」西京賦曰：「蘭臺、金馬，遞宿迭居。」按此蘭臺正在殿中，石渠、天禄皆在殿北。

説 金馬門 唐翰林 御史 柱史

右自玉堂至蘭臺，在漢皆為藏書延儒之所，而有殊異。班孟堅兩都賦曰：「天禄、石渠，典籍之府，名儒故老，講論乎六藝，稽合乎同異。」此則石渠、天禄專以讎校典籍為職，蓋今之館閣也。又曰：「承明、金馬，著作之庭，大雅宏達，啟發篇章，校理秘文。」此則承明、金馬不止校理秘文，而又譔述篇章，故云著作之庭也，此近今之史館也。孝成時客有薦楊雄文似相如者，召雄待詔承明之庭，師古曰：「承明殿在未央宮。」夫客以文薦雄，而雄得待詔承明，此則唐世供奉翰林之所始也。尚書郎起草，相如晲草，皆漢世著作之任已。然雄自言其待詔之地，直曰承明之庭，而武帝謂嚴助厭直，乃曰承明之廬。張晏曰：「承明廬在石渠閣外，直宿所止曰廬。」故其云廬者，以更直之地言之也，曰庭者，以受詔作文之地言之也，亦如李尋待詔黄門而曰「臣久汙玉堂之直」也。玉堂人臣可得而至矣，玉堂之外別有直廬，人臣乃可得居也。玉堂之有直也，承明之有廬也，其類一也。宦者直，即是中官之處乎黄門者也。百官表有中黄門，師古曰：「謂閹人居禁中，在黄門之内給事者也。」後漢輿服志曰：「黄闥，天子門，中官主之，以黄塗門，如青瑣之用青也。」其門有東門京所獻銅馬，故號其門為金馬。又言武帝得宛馬，鑄象立此門。雄之待詔，其解嘲曰：「登金門，上玉堂。」雄時待詔承明，故得由宦者直入金馬門以上玉堂也。吾丘壽王以善格五召待詔，坐法免，上書願養馬黄門。金日磾與弟倫没入官，輸黄門養馬。師古曰：「黄門之直，職任親近，以供天子百物在焉，故亦有畫工。」又武帝令黄門畫周公負成王圖以賜霍光。則是黄門之地，凡善格五者、能養馬者、能繪畫者皆得居之，故知唐世雜藝之士供奉翰林者，正用此則也。以此推之，則玉堂殿、承明殿、金馬門、黄門、宦者直必相附近也。蘇武傳召武待詔宦者直，師古曰：「百官表少府屬宦者令丞」，以其直親近，故令於此待詔也。」有待詔公車者，東方朔嘗為之，所謂奉一囊粟，月錢二百四十者是也。朔在公車給朱儒以自見，乃始從公車得待詔金馬門，已乃為常侍郎，則雖得待詔于金馬門，其時亦未以為官也，此漢制之凡也。若夫著書之所，則不一其地矣。即時事而占寄委之輕重，則蘭臺之比諸閣又為親近也。蓋蘭臺正在殿中，而諸閣皆在殿外也，石渠、天禄在未央北，已見上文。此其為地，固已親於諸閣矣。今之御史，本以典掌人主書籍為名，内史、外史、柱下史皆其任矣。而其寖以貴重，至宰相亦為學士則極矣。惟夫御史也者，不獨主典古來藏書，仍且省眎内外章奏，故諸史皆為清官，而御史兼據清要也。魚豢魏略載薛夏之言曰：「蘭臺為外臺，秘書為内閣。」此時御史所掌秘籍已不在禁中，故命為外臺。若周則直在柱下，漢則直在殿中，故殿中、中丞皆以未有外臺時為準，而名官以中也。御史臺常與秘書為鄰，唐世藏書皆具數申御史臺，蓋故則也。

未央宫至唐尚存 通光殿

唐正觀七年，帝從太上皇置酒故漢未央宫，帝奉觴上壽曰：「昔漢高祖亦從太上皇置酒此宫，妄自矜大，臣所不取也。」予嘗怪是宫建於漢，至正觀間幾八百年，中間離亂甚多，理自不存。又劉聖公傳王莽敗惟未央宫被焚，故更始居長樂朝羣臣。則後漢之初未央已焚矣，何為尚有未央可以置酒？已而熟考之，石虎建武十一年發梁、雍十六萬人城長安未央宫，又隋文帝移都大興城，因其遺址增修宫側未央池、即漢之滄池漸臺也。漢武庫及樗里子之墓。並兩京記。用此推之，則雖多更喪亂，僭竊迭居，必謂高帝遺迹可慕，故葺治者多，是其久不廢絶之因也。若夫建章也者，其規摹所措，悉嘗過越未央矣，無幾即為王莽所毁，取其材以立九廟，不聞嘗有增葺賞慕者，則德澤淺深於此可見也。唐先襲隋之舊都于大興，則未央包在内苑，故於游宴為便。敬宗寶歷二年修未央宫，掘地獲白玉床，其長六尺，則寶歷固嘗葺治矣。會要武宗會昌元年因游畋至未央宫，見其遺址，詔葺之，總三百四十有九間，作正殿曰通光，其東曰詔芳亭，西曰凝思亭，立端門，其内門揭未央宫名，命翰林學士裴素撰記。長安志案此會昌間葺治之時既稱遺址，則故屋之不存者多矣，又别立兩亭，皆非舊名，獨内門之扁揭未央舊目，則所謂三百四十九間者，其為刱造必多，故吕圖易未央宫以為通光殿者，因會昌所名也。〔案〕因李本作用。案黄圖及長安志未央自有通光殿。會昌於未央門内治殿而名以通光，亦采舊名也。

長樂宮

徒有名不著事迹者

鴻臺　臨華殿　温室殿　長信宫　長秋　永壽　永寧殿

右見黄圖。

宣德　通光　高明　長秋　永壽　永寧　長亭　林華　温室

建始　廣陽　中室　月室　神仙　椒房　大夏并殿名

右見長安志。

長樂宫　東朝　東宫　長信　長秋　永壽　永寧殿

漢長樂宫本秦離宫，名興樂宫。詳已見漢宫總説。黄圖曰：「高帝嘗居長樂，後皆母后居之。自孝惠至平帝皆居未央。」此其為説是也。惠帝自未央朝長樂，叔孫通傳。武帝亦曰「東朝廷辨之。」灌夫傳。七國反，景帝往來東宫間，天下寒心，師古曰：「謂咨謀於太后也。」張湯傳。則長樂多為母后所居矣。黄圖曰：「長樂殿西有長信宫、長秋、永壽、永寧四殿。」而水經亦云：「殿西有長信、長秋、永壽、永昌等殿。」則長信、長秋皆在長樂宫中也。長安志别出長信等七宫，不以統諸長樂，殆傳疑耶？

閣道甬道複道夾城 唐附

史記：「秦作宫室，自雍門雍門長安城西面門。至涇、渭，殿屋複道周閣相屬。」「又作極廟，道通麗山。作甘泉前殿，築甬道自咸陽屬之。」案高紀七年，「帝從洛陽南宫複道望見諸將偶語。」如淳曰：「上下有道，故謂之複。」應劭注史記甬道：「築垣牆如街巷。」元和志曰：「始皇作閣道至麗山八十里，人行橋上，車行橋下。」用此參觀，則漢之命為複道者，即秦之閣道也。為其閣上閣下皆有行路，故名複道也。若夫麗山之甬道，即唐之夾城也，兩牆對起，所謂「築垣牆如街巷」者也。至於輦道也者，第取其步輦可行而名之也。或閣道，或甬道，皆一制也。

漢諸宮複道

漢之複道，不止未央、長樂有之。未央之北有桂宮、北宮、明光之屬，皆各自為宮，而能常相往來者，中間皆有複道也。廟記曰：「桂宮有紫房複道通未央宮北，周回四十里，中有明光殿，殿有複道，從宮中西上，至城上建章宮神明臺。」太平寰宇記。案建章宮者，在長安城外，其與未央諸宮隔城相望，故跨城而為閣道，尤與常異也。三輔故事曰：「神明臺在建章宮，故垂棟飛閣，從宮中西上跨城而出，乃達建章也。」孔光傳：「哀帝祖母定陶傅太后居北宮，有紫房複道通未央宮，太后從複道朝夕至帝所。」凡有宮即有複道也。

建章宮

徒名不著事迹者

駁娑殿　駘蕩殿　枍詣殿　承光殿　奇華殿　鼓簧殿

右見長安志。

閶闔門　左鳳闕　右神明臺　璧門　建章　駘蕩　駁娑殿　枍詣　天梁　奇寶　鼓簧宮　玉堂　神明臺　疏園　鳴鑾　奇華　銅

柱　函德殿

右見黄圖。

建章宫

蕭何之營未央曰：「毋令後世有加。」武帝之造建章也，度高未央前殿，為千門萬户，及其成也，下視未央前殿則真能度越之矣，此殆因「毋令有加」之語而激之使汰也。三輔舊事及關中記皆言建章周回二十餘里，在長安城西者，上林之地也。東方朔傳曰：「陛下以城中為小，圖起建章，左鳳闕，右神明，號稱千門萬户。」長安記曰：「王莽壞城西苑中建章十餘所，取其材為九廟。」師古曰：「自建章以下，皆在上林苑中。」關中記：「上林苑中有宫十二，建章其一也。」建章如此其侈，而正史少曾正書臨幸，則皆從飛閣越城以出也。

甘泉宫　一曰雲陽宫

徒名不著事迹者

甘泉殿　高光殿　林光宫　長定宫　竹宫　通天臺　通靈臺　迎風館

露零館　儲胥館　甘泉苑　昭臺宫　長門宫　永信宫　中安宫

大臺宮　葡萄宮　步壽宮　梁山宮　黄山宮　回中宮　集靈宮　扶荔宮　五柞宮　宣曲宮　鼎湖宮　思子宮　萬歲宮　首山宮　明光宮　池陽宮　養德宮

右見黄圖。

甘泉宮　林光宮　磨盤山　車箱坂　桂宮　北宮

古以甘泉名宮者三：秦之甘泉在渭南，一也；漢之甘泉在雲陽縣磨石嶺上，二也；隋之甘泉在鄠縣，三也。長安志曰：「磨石嶺山有甘泉。」十道志曰：「甘泉出石鼓西原」也。漢甘泉宮在山上，即秦林光宮旁也，此則取石鼓甘泉以名者也。隋宮在鄠縣西南二十里，對甘泉谷元和志、長安志皆同。鄠即扈也，扈即夏之有扈也。古有甘亭，唐有甘泉鄉，即啟討有扈而誓戰于甘者也，此皆取甘亭之泉而立為此名也。惟秦之甘泉，史嘗明言在渭之南，而無言其在渭南何地者。秦始皇本紀：「迎太后於雍而入咸陽，復居甘泉宮。」〔案〕居甘泉宮四字李本脱去。徐廣曰：「表云咸陽南宮也。」秦時咸陽跨渭南北，詳見咸陽下。則此宮不在渭北之咸陽而在渭南之咸陽也。又本紀曰：「始皇諧廟及章臺、上林皆在渭南，〔案〕諧李本作諸，是。已而更命為極廟，自極廟道通酈山，作甘泉前殿，築甬道自咸陽屬之。」則甘泉前後必近上林，即鄠縣也。則秦之甘泉與隋之甘泉正同一地，安知隋宮不襲秦舊耶？予故得以詳言也。秦之林光，至漢猶存。漢武元封二年始即磨盤嶺山秦宮之側作為之宮，是為漢甘泉矣。孟康注郊祀志曰：「甘泉一名林光。」師古曰：「漢於秦林光旁起甘泉宮，非一名也。」師古之説是也。元封二年以前，史之所記，文、景皆嘗臨幸甘泉，而不曰甘泉有宮可幸，當是秦之林光遠在磨盤嶺上，不爐于火，而尚可用也。戰國策范睢説秦王曰：「大王之國，四塞以為固，北有甘泉谷，南帶涇、渭，右隴、蜀，左關、阪。」夫睢指甘泉谷為秦北面之塞，即雲陽縣甘泉山也，甘泉山即車盤嶺也。武帝雖别刱甘泉一宮，而秦之林光如故也，則謂甘泉宮在林光宮旁者是也。且武帝之為此宮也，不獨以備游眺也，采信方士明庭之語，求以自通於仙，故增之又增之，如泰畤，如仙掌露盤，及泰一諸畫象，盡在其上也。此山高出它山，南距長安已三百里，而能望見長安城堞，其上有通天臺，雲雨悉在臺下。自武帝後山上宮殿臺觀略與建章相比，而百官皆有邸舍，故帝以五月避暑，八月乃歸也。元和志曰：「當其登山，必自車箱阪而上，阪在雲陽縣西北三十八里，縈紆曲折，單軌財通，上阪即平原宏敞，樓觀相屬也。」以其縈紆曲折，故名車盤也。匈奴入寇而烽火通甘泉、長安兩地者，以人主時往甘泉，不敢主定其處，故烽火兩通也。

桂宮亦曰四寳宮

明光殿　神明臺　蓬萊山宮在未央宮北，黄圖。

北宮

壽宮　明光宮　太子宮黄圖。

明光宮粉省　赤墀

漢有明光宮三：一在北宮，南與長樂相連者，武帝太初四年起，即主商之所指借，〔案〕主商當作王商。欲以避暑者也。别有明光宮在甘泉宮中，亦武帝所起，發燕、趙美女三千人充之。蘇文忠戲作畫象詩曰：「佳人自控玉花驄，矯如飛燕踏秋鴻，金鞭争道金釵落，何人先入明光宮。」蓋因婦人畫象用宮女事也。至尚書郎主作文書起草，更直於建禮門内，則近明光殿矣。建禮門内得神仙門，神仙門内得明光殿省中，省中皆胡粉塗壁，即後世名為粉省。以丹漆地，謂之丹墀，即赤墀也。尚書郎握蘭含鷄舌香奏事。此之明光殿，約其方鄉，必在未央正宮殿中，不與北宮、甘泉設為奇玩者比，則臣下奏事之地也。建禮門、神仙門、明光殿此三名者，呂圖及長安志皆無之，惟長安志有神仙殿而無神仙門。至歷代宫名之書，則於後漢門名有建禮門，豈此之所載明光殿者東都之殿耶？

雍録卷第三

新安程大昌泰之

柏梁臺　七言詩體　銅柱　鳳闕

漢書：「元鼎元年起柏梁臺。」三輔舊事云：「以香柏為之，香聞數十里。」郊祀志曰：「鑄銅為柱。」三秦記曰：「上有銅鳳名鳳闕。」漢武作臺，詔羣臣二千石能為七言者乃得上。」七言者詩也，句各七言，句末皆諧聲，仍各述所職，如丞相則曰「總領天下誠難哉」，大司農則曰「陳粟萬石揚以箕」，它皆類此。後世詩體句為一韻者自此而始，名柏梁體。

長楊宮射熊館　五柞　青梧

黄圖曰：「長楊宮在盩厔縣東南三十里，本秦舊宮，漢修飾之，宮有垂楊數畝，因為宮名。五柞宮之與長楊，相去八里。」張晏曰：「有五柞樹，故以名。」中間有青梧觀，又以梧名也。若夫射熊館者，即長楊宮門也，故黄圖曰：「長楊宮門曰射熊館。」秦、漢游獵之所也。漢書曰：「武帝好自擊熊，相如從至上林，上疏諫。」「元帝永光五年幸長楊射熊館。」射音食亦反。楊雄傳：「成帝大誇胡人以多禽獸，載檻車輸長楊射熊館，令胡人手自搏之，雄從至射熊館，還，上長楊賦。」師古曰：「長楊宮中有射熊館也。」合此數者言之，乃知長楊在上林苑中，而射熊館乃在宮門之臺上，黄圖所記是也。搏獸射熊必在此館者，為其館在門上，凡獸可前，人力可及也。是故言長楊宮者必及射熊也。

興平縣黄山宮

槐里縣南有黄山宮，惠帝二年起。東方朔傳曰：「武帝微行，西至黄山宮。」在澇水入渭之下，渭在宮南。楊雄甘泉賦曰：「北繞黄山。」

回中宮

孝文十四年，匈奴入蕭關，至彭陽寧州彭原縣。使騎兵入燒回中宮，候騎至雍、雍縣即是鳳翔府天興縣。甘泉。雲陽縣。武帝元封四年，行幸雍，通回中道，遂出蕭關。應劭曰：「回中在安定，平高有險阻。」師古曰：「回中地在安定，應説是也。」在原州。其中有宮。孟康曰：「北地寧州。有山險，武帝宮也。」黄圖曰：「宮在汧。隴州。」元和志曰：「秦回中宮在鳳翔府天興縣西。」予總諸説而參以事理，則應、顔謂回中在安定者是也。安定在蕭關之南，雍縣之西北，而甘泉之西南也。匈奴方入蕭關，未達安定，先遣騎兵深入，至安定即燒回中之宫以張聲勢，漢候騎見之，急以分告兩地，故漢之候騎至雍亦至甘泉也，然則所燒之宫即不在雍亦不在甘泉也。若所燒之宫果在雍境，則雍縣已自被兵，豈止僅有覘報而已耶？故予謂回中必在安定，應、顔之説確也。其後武帝於幸雍後通回中道以出蕭關，則是史家著其自雍出關路徑次第焉耳。於是自雍而次安定，至安定而通回中，其有險礙，則皆平之，如塹山堙谷，使可通行，是其所以為治也。則應氏謂回中有險有宫，其言皆可信也。若元和志謂宫為秦宫，則亦有理。若孟康謂為武帝之宫，則誤矣，文帝時回中之宫已自為虜所燒，則豈武帝所營也哉？或者元封通道之後，再即回中起宫，則不可知耳。汧在隴州，此一役也，虜自蕭關而入，不自隴入也，隴坻在蕭關之南也。

隋大興宫為唐太極宫圖

閣本大明宫圖

唐宫苑包漢都城圖

說

未央　太極　大明　禁苑　内苑

漢都城在長安鄉，鄉在渭水之南，杜縣地也。隋、唐都城在龍首原，原蓋漢都城東南十三里也。隋都城中正宫以及正殿皆名大興，至唐改名太極宫、太極殿也。宫之北有内苑，有禁苑，而宫居都城之北，内苑又居宫北，禁苑又居内苑之北也。禁苑廣矣，西面全包漢之都城，東抵霸水，其西南兩面攙出太極宫前，與承天門相齊。承天門之西面排立三門，皆禁苑之門，曰光化，曰芳林，曰景耀，皆南向。芳林十哲即自此門入内也。此西内太極宫及宫北内苑、禁苑地望之詳也。高宗即太極宫東北取苑地建大明宫，其廣袤亦及五里。五里之東，尚有餘地，可以為苑，故大明東面有東内苑，苑中有龍首殿、龍首池也。此之内東苑者，包大明宫之東面，而向南直出，與大明宫城之丹鳳門相齊。其苑之南，亦有三門，延政門在正南，太和門在東，左銀臺門在北。此苑之北，亦抵禁苑也。是漢、唐三宫之别而唐世三苑之分也。

大興城

大興立名之由，傳者不一。或曰：隋文帝嘗封大興，故以名。見長安志京城下。或曰：宫之太極殿本大興村，故因用其名也。見韋述。或曰：隋文夢洪水浸没都城，故改營大興，洪水者，高祖名淵故也。見通鑑。兩京道里記曰：「煬帝夢太子勇領徒持兵，問楊廣何在，帝遂幸洛陽，終身不敢留長安。」此數語者，未知孰是。然韋述謂本大興村名者，其説近之。蓋嘗有僧坐大木下曰：「此後當為宫殿也。」大木即在大興殿基上也。亦如漢高帝因長安鄉名而立為都名也。

唐城内外凡三重 圖附見隋、唐大興太極宫

六典唐都城三重，外一重名京城，内一重名皇城，又内一重名宫城，亦名子城，子城之内，入殿者為殿門也。長安志叙載内外制度，固為周悉，而其辨方命位，尤有倫要。顧品彙繁夥，易以昏紊，今分别言之。

唐西内太極宫圖

唐西内太極宫 即隋大興宫

唐都本隋都也，在漢長安故城東南，南直終南山子午谷，北據渭水，東臨滻、霸，西次灃

灃水，隋文帝開皇二年營建。此之四面，皆六典以山川方望言之，非能包有其地。至三年三月，移入新都，名其城曰大興城，正殿曰大興殿，宮曰大興宮，宮北苑曰大興苑。唐高祖武德元年，改大興殿為太極殿，宮門為承天門。隋名昭陽門。景雲元年，以京大内為太極宮，宮城在皇城之北。後又即東北建大明宮，而此宮遂名西内。呂圖曰：「西京記云：『大興城南直子午谷。』今據子午谷乃漢城所直，隋城南直石鱉谷，則已微西不正，與子午谷對也。」古今水道有移改，山無移改也，此語蓋呂氏親見之詳，可據也。

唐太極宮皇城承天門之南至皇城之朱雀門北 太極宮 皇城

自太極宮南出而得承天門。宮城之門也。由承天門南至朱雀門北，是為宮城之内，〔案〕宮城當作皇城。隋文帝立制士庶不得雜居此門之内，故宗廟、官寺、兵衛悉在此地也。官寺也者，自三省以及監庫皆是也。兵衛也者，凡其隸南衙而為諸衙者皆是也。〔案〕諸衙當作諸衛。至北司則在宮北。惟南面尚書省自占一坊，蓋六曹皆入統隸，故令附處其旁也。若夫自朱雀門〔案〕自前唐西内太極宮條標題至此，李本脱去，蓋後印時版片爛壞一葉而未補刻所致。以南而至明德門以北，此舉南北兩門以槩其餘。即槩為京城坊巷矣。故朱雀門外始有士庶第宅、廟市寺觀也。

唐朱雀門外坊里

京都四郭之内，縱橫皆十坊，大率當為百坊，而亦有一面不啻十坊者，故六典曰一百一十坊也。今別其位置而言之，縱十坊，縱謂自北而南也。坊皆南北相沓，每坊之南皆有橫街，橫街之北是為諸坊之南，諸坊之南皆有門，自東西以出橫街，而坊北無門，其說曰北出即損斷地脈，此厭勝術也。隋文帝多忌諱，如改滻坂為長樂坡，改胡牀為交牀、胡瓜為黄瓜之類。故有司希意為此也。坊之若東若西，即坊之左畔右畔也。又有直街自南亘北，其最當城中而南者為朱雀門街，亦直貫明德門，是名朱雀街也。即有此街透貫城之南北，而四面坊里衢道，皆可分方命位以識其處矣。朱雀東十坊，縱而數之。皆有直街。北自宫城之安上門，而南極乎京城南面之陰，明德之左。是為朱雀街東之第一街也。朱雀街西十坊之西，亦有直街。自北徹南，是為朱雀街西第二街。自餘十坊，可隨朱雀東西而命其方矣。一街可數，而它皆可通矣。吕圖所布與志略同，故知其傳信可據也。城中古今事迹名稱甚多，不容盡舉，姑取其繫利害之大而關善惡之最者，時摭一二，散標坊里之中，使遠近迂直有可參會而已。吕圖、宋志大抵交相表發，而稍有不同。今故參會，蹙為小圖，以便稽證。

唐宫總説

唐都城中有三大内：太極宫者，隋大興宫也，固為正宫矣。高宗建大明宫於太極宫之東北，正相次比，亦正宫也。諸帝多居大明，或遇大禮大事，復在太極。如高宗、元宗每五日一御太極，諸帝梓宫皆殯太極，亦有初即大位不於大明而於太極者，知太極尊於大明也。太極在西，故名西内。大明在東，故名東内。别有興慶宫者，亦在都城東南角，人主亦於此出政，故又號南内也。此三内者，皆嘗更迭受朝，而大明最數。自餘如興慶者，雖有夾城可以潛達大明，要之隔越衢路，亦當名為離宫而已。華清宫在驪山，最為奢盛，百司皆有邸第，元宗常以十月往幸，歲竟乃歸，與漢甘泉略同，則又離宫之大者也。

唐都城内坊里古要迹圖

右按吕圖位置以立此圖。承天門之南，朱雀門之北，宗廟、社稷、百僚廨舍列乎其間，六省、九寺、一臺、四監、十八衛，以坊里準之，此兩門内外南北各占兩坊，不為民居。自朱雀門南，即市井邑屋，各立坊巷，坊皆有垣有門，隨晝夜鼓聲以行啟閉，即上文約為百坊者是也。故吕圖深嘉隋文立坊之制，啟閉有時，盜竊可防也。其城内外皆有古迹可考，如圓丘、靈臺，在漢則長安故城之外，在唐則為城内也。都城既改，則古迹易位，他皆可以類推矣。唐世始以三元放燈，放燈之夕，即通曉不閉門，故蘇味道詩曰：「金吾不借夜，玉漏莫相催。」本朝仍之，〔案〕李本本朝上空一格，是出自宋刻之證。故李允則守雄州，夜開城門縱虜諜入城，此恐援據不審也。唐世弛禁，恐止是坊門，而城門未必在數也，更詳之。

龍首山圖

隋唐都城龍首山分六坡圖

龍首原六坡　元都觀　裴度宅附〔案〕元都觀本當作玄都觀，避宋始祖趙玄朗諱改。其下悉同，不更出校語。

元都觀在朱雀街西之第一街，而街之自北向南之第五坊也。名安善坊。宇文愷之營隋都也，曰朱雀街南北盡郭有六條高坡，象乾卦六爻，故於九二置宫殿，以當帝王之居，即隋之大興宫，唐之太極宫。九三立百司，以應君子之數，即朱雀門内百司庶府皆是。九五貴位，不欲常人居之，故置元都觀及興善寺以鎮其地，劉禹錫賦看花詩即此也。裴度宅在朱雀街東第二街，自北而南則為第四坊，名永樂坊，略與元都觀東西相對，而其第基之比觀基，蓋退北兩坊，不正相當也。唐實録曰：「帝城東西横亘六岡，此六岡從龍首山分隴而下，東西相帶，朱雀街自北而南，為街所隔，故山岡析為十二也。符易象乾卦六爻，度之永樂里第偶當第五岡，又會度在興元自請入覲，李逢吉之黨有張權輿者出死力上疏排之，云『度名應圖讖，宅據乾岡，不召而來，其旨可見』。」蓋權輿之謂「宅據乾岡」者，即龍首第五坡之餘勢也。長安志。然而度之所居，張説在其西，尤與元都觀相近，而張嘉正之第正在坊北，何獨指度以為據占乾岡也，小人挾私欺君皆此類。

六典大明宫圖

唐東内大明宫

大明宫地本太極宫之後苑，東北面射殿也，地在龍首山上。太宗初於其地營永安宫，以備太上皇清暑。九年正月雖嘗改名大明宫，然太上皇仍居大安，不曾徙入也。龍朔二年，高宗染風痺，惡太極宫卑下，故就修大明宫，改名蓬萊宫，取殿後蓬萊池為名也。至三年四月，移仗御蓬來宫之含元殿，二十五日始御紫宸改〔案〕改當作殿。咸亨元年改蓬萊宫為含元殿，長安五年又改為大明宮。宮南端門名丹鳳，則在平地矣。門北三殿相沓，皆在山上，至紫宸又北則為蓬萊殿，殿北有池亦名蓬萊池，則在龍首山北平地矣。龍首山勢至此而盡，不與前三殿同其高敞也。詳見唐宮總説及螭頭下。六典曰：「大明宮在禁苑之東南，其西接宮城之東北隅。」夫其宮城正西，乃與大明東北相接，則凡大明一宮皆在太極宮之東北也。故長安志叙載其地，比太極宮承天門則退北三坊，〔案〕退北李本作退比，誤。取此三坊地而中析之以為六坊，中六坊地以為丹鳳中門正街，西有横街，詳在唐宮總説。可以達于承天，南即朱雀正街矣。其如百司庶府、居民第宅，悉仍大興都城之舊，無所更易，故東内大明雖曰剏營，而朝市悉仍隋舊，無所增移也。

漢唐宮殿據龍首山

龍首山首枕渭之南岸，尾達樊川，首高尾下，尾在漢長安城南逶迤而北，至建章宮上下，乃始折北而趨東。漢世未央宮在折北向東之地，其基已高，故宮殿皆出長安城上，而張衡曰「疏龍首以抗殿」也。未央又東，龍首愈增高，而唐大明宮尤在高處，故含元殿基高於平地四丈。含元之北為宣政，宣政之北為紫宸，地每退北，輒又加高，至紫宸則極矣。其北遂為蓬萊殿，殿有池，則平地矣。大明之東有苑，苑有池，龍首渠水自城南而注入于此，則可見其不在山上也。惟其三面皆低，而大明之基獨高，故長安志曰：「大明宮北據高原，南望爽塏，視終南如指掌，在京坊市，可俯而窺也」。未央本亦甚高，不減大明，惟其取土為城，故殿基稍低。三秦記曰：「長安城地皆黑壤，今城赤如火，堅如石。」關中記曰：「取山土以為城也。」括地志曰：「山首在長安故城中，自漢築長安城及營宮殿，咸以堙平，其餘即今宮城太倉以東也。」按括地志者，太宗子魏王泰所為也，作記之時，唐止有西內，即太極宮。未有東內，其謂餘山之在太倉以東者，其後大明宮據以為基者也，說皆相應也。若太極宮在未央之東南，大明宮之東北，〔案〕東北當作西南。而遂卑濕不爽者，蓋其基在南，舍山而就平地也。以方求之，太極宮進前而在大明西北角，則其低可想矣。

含元殿龍尾道螭首圖

龍尾道

龍尾道者，含元殿正南升殿之道也。賈黃中談録曰：「含元殿前龍尾道，自平地凡詰曲七轉，由丹鳳北望，宛如龍尾下垂於地，兩垠欄悉以青石為之，至今石柱猶有存者。」兩京新記曰：「含元殿左右有砌道盤上，謂之龍尾道。」按此即龍尾之形像，名實皆昭然矣。詳見後文。康駢劇談録曰：「含元殿左右立栖鳳、翔鸞二閣，龍尾道出於閣前，殿門去南門二里，元會來朝者仰觀玉座，如在霄漢。」

含元螭頭

殿前螭頭，蓋玉堦扶欄上壓頂横石，刻為螭頭之狀也。唐都城中有三大内，皆嘗受朝，而螭頭也者，惟大明宫有之，為其據高而道峻，故逡道兩旁有石扶欄也。〔案〕逡李本作峻，是。既有扶欄，則其下必立石柱，既有石柱，其上必有壓頂横石，横石南出突兀不雅馴，故刻螭以文之，此螭頭之所從起也。王仁裕自蜀入洛，過長安，記其所見，曰含元殿前玉階三級，第一級予今變級為層，貴與小級之文不相混。可高二丈許，每間引出一石螭頭，東西鱗次，一一皆存，猶不傾墊，第二第三級各高五尺，仁裕所分三級，以自上而下為次。蓮花石頂亦存，階兩面龍尾道，各六七十步方達，第一級皆花塼，微有虧損。仁裕此記，比賈、康所記最為詳明也。予於是合三説而言其制：蓋含元殿南疏階升殿，凡為三大層，自下而上。其下兩層皆培土鋪塼，為坡陁斜道，不疏小級。其鋪塼處逶迤屈曲，凡七其轉，故自丹鳳門北望，則如龍行而垂其尾，是以命為龍尾道也，龍尾云者，亦附並龍首山為義，而立為之名也。此之龍尾也者，其培土處合為一階，而階上所鋪塼道，則分而為兩，可以引班對上，故仁裕曰階兩面龍尾道各六七十步也。龍尾道者，其兩畔亦有石欄，石欄柱之頂止刻蓮花，不刻螭頭矣。兩省官每朝，分班對立于此，詳見後諫坡下。此兩層之上，又有一大層，則仁裕之謂第一級者矣。通數小級共為一層，庶與仁裕語相應易見。與殿墀相接，其高二丈，故制度不與下兩層同，蓋下兩層培土砌塼，而上一層則列石為級也。此之小級，兩旁各有石扶欄，扶欄上壓頂横石，即刻螭首也。其謂東西鱗次者，足以見小級皆有螭首也，故左右二史立則直第二螭也。自殿北數來第二小級也。凡此螭頭、龍尾，皆含元之制，而宣政、紫宸叙載在後。

宣政紫宸螭頭

含元螭頭，王仁裕所記與賈黄中之説合，則可據矣。而宣政、紫宸螭頭，唐志雖不明載其制，亦嘗因事及之，尚可考也。唐志曰：「天子御正殿，則起居郎舍人分左右立，有命則俯陛以聽，退而書之。」夫正殿者，宣政也。既曰俯陛聽命，則是命出墀上，人立墀下，故可云俯也。志又曰：「若仗在内閣，則夾香案分立殿下第二螭首，和墨濡筆，皆即坳處。」夫内閣者，紫宸殿也。第二螭者，紫宸殿前自上而下第二小欄横頂之飾也。坳處，即欄石之窪陷而礲不盡平者也，故既可即以和墨，又可涉筆而書也。唐之三殿，合二者而求之，紫宸之螭，志已明載，而二史之在宣政，必皆俯陛乃可聽命，則陛峻必有石螭，自可因事想制矣。

蓋三殿也者，南北相重，先含元，次宣政，又次紫宸，皆在龍首山上。古記龍首山近渭處高二十丈，今含元殿墀高於平地四十尺，則四丈耳，康駢劇談録曰：「殿鑿龍首岡為基，高五十餘尺。」是含元雖高，猶未據極也，故其後兩殿相重，為宣政，為紫宸，地轉北則階愈高，愈高則其升殿也不容不為峻道，而峻道必有扶欄，與夫壓頂石螭，是皆不待察察以言，而其制可想者也。若夫紫宸又北則為蓬萊殿，蓬萊殿後雖有蓬萊山，然此山聳起池中，是用穿浚之土壘成其高焉耳。至其能鍾為池，必藉外水自外而來，乃可注之入池也，相其高下，必是地勢斗低，乃始可受，不然不可也。故知龍首山岡勢至蓬萊而盡，遂為平地也。此與金鑾坡説相貫。憲宗泛舟蓬萊池，欲獵苑中，疑李絳必諫而止。蓋此池在東内之北，其欲往獵，則禁苑也，禁苑又在東内苑之北也。若夫東内苑有龍首池，池上有龍首殿，則以此水自龍首原來，故本其源而名之以為龍首池也。龍首渠在平地，平地之水既能注入以為之池，則知其池已在平地不在山上矣。

左右史立螭頭

唐制每遇朝日，左右史皆入，分立赤墀之下，丹淹泥以塗殿墀。郎左，舍人右，不與今時分日入侍而立乎殿上者同也。詳見予演蕃露，文多不録。李肇國史補曰：「兩省謔起居為螭頭，以其立近石螭也。」鄭覃傳曰：「記注操筆在赤墀下。」楊嗣復言：「故事，正衙，起居注在前。」張次宗傳：「文宗始詔左右史立螭頭下。」韋絢初除右史中謝，置筆札於玉階欄楯之石，趨而書辭拜舞焉。絢嘉話。 即此數事而參觀之，則唐史所記立螭之制，雖不甚備，而予前之所云，皆粲然在目，不待疏說矣。 唐志又曰：「宣政朝日，殿上設黼扆躡席、薰鑪香案，而宰相兩省官對班于香案前，百官班于殿廷，人主既御坐，宰相兩省官拜訖，乃始升殿。」則是香案自在殿上，向之兩省對班而直案前者，乃從殿下準望而言，其所直非夾立殿上香案兩旁也，其曰拜已升殿，即可見已。班之在龍尾道上者，詳見諫坡下。 又曰：「入閤夾侍香案。」此則已升殿後實立香案兩旁也。

東内入閤圖

太極宮入閤圖

西内兩閤

案六典載東内大明宮甚詳，故宣政之左有東上閤，宣政之右有西上閤，二閤在殿左右，而入閤者由之以入也。至其記西内太極宫則略矣，故兩儀殿左右有東、西閤門，而兩廊下亦有日華、月華門也。其曰閤者，即内殿也，非真有閤也。則凡唐世命為入閤者，仗與朝臣雖自兩閤門分入，入竟乃是内殿。前世多有於此地求閤以應古語，而竟無之，此誤也。入閤止是入殿，詳在後。

説

古唐大明宫御殿入閤之制，〔案〕古李本作右，是。歐文忠著諸五代史李琪傳，其説雖明。今既本六典三殿次第，而立為此圖，又本太極殿入閤説，别立一圖，隨為之説。

五代史入閤

歐陽文忠五代史李琪傳曰：「自唐末喪亂，朝廷之禮壞，天子未嘗視朝，而入閤之制亦廢。常參之官日至正衙者，聞傳不坐即退，獨大臣奏事日至便殿，而侍從内諸司日再朝而已。明宗初即位，乃詔羣臣五日一隨宰相入見内殿，謂之起居，曰：『吾思所以數見羣臣也。不可罷，而朔望入閤可復。』然唐故事：天子日御殿見羣臣，曰常參。朔望薦食諸陵寢，有思慕之心，不能臨前殿，則御便殿以見羣臣，曰入閤。宣政，前殿也，謂之衙，衙有仗。

紫宸，便殿也，謂之入閤。其不御前殿而御紫宸也，乃自正衙唤仗由閤門而入，百官候朝于衙者，因隨以入見，故謂之入閤。然衙，朝也，其禮尊。閤，宴見也，其事殺。自乾符已後，因亂禮闕，天子不能日見羣臣，而見朔望，故正衙常日廢仗，而朔望入閤有仗。其後習見，遂以入閤為重，至出御前殿，猶謂之入閤，其後亦廢，至是而復。然有司不能講正其事，凡羣臣五日一入見中興殿，便殿也，此入閤之遺制，而謂之起居。朔望一出御文明殿，前殿也，反謂之入閤。琪皆不能正也。」

古入閤説

歐文忠敘載入閤之制甚明。然有可疑者，正觀元年制：「自今中書門下及三品以上入閤議事，皆命諫官隨之，有失輒諫。」則正觀中已有入閤之語，不待開元間退御紫宸受朝，乃云入閤也。又德宗正元制：「自今後五月一日御宣政殿與羣臣相見。」是則正元間五月朔旦未嘗退避宣政也。元宗時優人以伎術得服緋，而設説以求賜魚者，元宗曰：「魚袋者，五品以上入閤則合符，汝則不可。」故武后時崔神慶上疏曰：「今五品以上佩龜者，后改魚用龜。為別敕宣召，恐有詐妄，故内出龜合，然後應命。」又六典曰：「魚符以備別敕宣召。」則是時奏事不於正殿而於便殿，已云入閤矣。則入閤之語，亦又先乎開元矣。案宋庠之論曰：

「唐制每遇坐朝日即為入閤。及其叔世，務從簡易，正衙立仗遂廢。其後或有行者，人所罕見，乃復謂之盛禮。」不知庠謂御殿皆名入閤，何所據而云也。予又即庠言而細推之，其鋪陳入閤次第，自含元以至宣政、紫宸，皆在大明宮中，大明宮者，東内也，其喚仗入閤與歐公同。而太宗時已有入閤之名，則庠之言亦遂不嘗語及也。予案六典，西内太極殿即朔望受朝之所，蓋正殿也。太極之北有兩儀殿，即常目視朝之所也。〔案〕常目當作常日。太極殿兩廡已有東西二上閤，則是兩閤皆有門可入，入已又可轉北而入兩儀也，是太宗時已有入閤之制也。然予又有疑者，通典叙述隋制，有曰：「隋文帝欲斬大理吏來曠，少卿趙綽固争，帝乃拂衣入閤，綽又矯言欲理他事，帝命引入閤，綽曰：『臣本無它事，而謬言求入，死罪也。』會獻皇后在坐，命賜綽酒。」據此言之，即是隋時已有入閤之名，唐初仍之而已。既曰「拂衣入閤」，則是閤在殿内，故曰「謬言求入」也。既已入閤，獻皇后在坐，則是深在宮中也。用其語以想其制，則是人主燕坐之地，皆可名閤也。歐、宋二公所指唐世之謂閤者，其在東内則為紫宸，其在西内則為太極，而往古之謂便殿者皆閤也。縣甫本唐實録舊語，而記諫官隨大臣奏事不言入閤，但言入内，是内殿皆可命為入閤也。本朝宮殿不與唐制相應，如紫宸殿自在太極殿東偏，不可與唐制參論。

閤門慰賀

案唐會要天祐二年勑：「自今月五日後，常朝出入，取東上閤門，或遇奉慰，即開西上閤門。」此制至今閤門承用。有賀則東詣，有慰則西詣，遂為定制。然以唐制考之，則天祐此制，已在廢罷入閤之後。蓋二閤在宣政殿東、西兩序分立，朔望避宣政不御而御紫宸，則宣政所立之仗聽喚而入，先東立者隨東仗入自東閤，先西立者隨西仗入自西閤。暨至會于紫宸殿下，則復分班對立也。由此言之，則東、西兩閤皆是百官分入趨朝之路，無由兩班併入東閤而西閤獨閉也。此可以見天祐間全失入閤本制乃至如此也。若賀慰久分兩閤，則行之已熟，於舊制無失。

雍録卷第四

新安程大昌泰之

延英殿

高宗初剏蓬萊宫，諸門殿亭皆已立名。至上元二年，延英殿當御座生玉芝，則是初有大明即有延英殿，顧召對宰臣則始於代宗耳。代宗以苗晉卿年老蹇甚，聽入閤不趨，為御延英，此優禮也。案六典，宣政殿前西上閤門之西，即為延英門，門之左即延英殿。故陽城欲救陸贄，約拾遺王仲舒守延英殿閤上疏，伏閤不去也。案朝于宣政，即名入閤，而延英又便殿之在西偏者，無閤可伏也。其曰守閤者，西上閤之西即是延英殿門，故守此之閤，乞開延英以受其對也。至會要所記，則直曰「城等數人守延英門上疏」也。史家必言伏閤者，以入延英之路言之也。錢希白南部新書記唐制曰：「凡内有公事商量，即降宣付閤門，開延英。」即此可見凡對延英，必自閤門而入也。長安志曰：「延英在紫宸殿東。」呂圖引李庚賦為據，曰「東則延英耽耽」，因謂延英當在殿東，而反詆六典謂在西者為誤，此失之矣。予案會要，元和十五年詔於西上閤門西廊内開便門，以通宰臣自閤中赴延英路，則延英不在紫宸殿東，亦已審矣。六典、會要皆唐人自記唐制，其為可信，豈不愈於李庚之一賦也哉？或者失考六典、會要致有此悮也。至於長安志者，宋敏求自言其書皆本諸長安圖經，又本諸梁載言十道志，則志之傳信，豈如六典、會要之審也。僖宗時嘗易延英之名以為靈芝，其必因上元所産之芝而制為美名也。及自蜀還，仍名延英。

延英召對

代宗召苗晉卿對延英，晉卿宰相也，羣臣初無許預之例。正元七年，詔每御延英令諸司官長奏本司事，則百官許對延英矣。八年，葛洪本正衙奏私事，德宗詔今後有陳奏宜延英門請對，勿令正衙奏事，則羣臣亦得乞對延英矣。故憲宗時元稹為拾遺，乞於延英訪問也。其後諸州刺史遇開延英，即入延英陛辭，則是外官亦得詣延英辭也。會要開成敕。元和四年，御史臺奏延英開日羣臣皆不得前知，遇陛下坐時方進狀請對，則是凡開延英，初無定日，直俟御宣政、紫宸臨時奏請也。錢希白之言曰：「凡内有公事商量，即降宣付閤門開延英，閤門翻宣申中書并牓正衙門。」則臨時不可預擬其日矣。至天祐元年，詔今後每月許一、五、九開延英，如有大段公事，中書門下具牓子奏請開延英，不計日數，則是天祐後方定一旬三開延英之制，前此未也。若宰臣奏開延英，其來久矣。韓臯為御史中丞，常有所陳，必於紫宸，未嘗詣便殿，上謂之曰：「我與卿言不盡，可來延英，與卿從容。」則是特許其對也。元和五年，義武軍節度使張茂昭舉族歸朝，故事雙日不坐，是日特開延英。十五年，十月下元假召宰臣對於延英，議邊事也。唐文宗紀贊曰：「唐制天子以隻日䟽朝，乃命輟朝、放朝皆用雙日。」此之雙日、假日，皆特引對，是有為為之，非常制也。

長生殿

二張受誅之地，通鑑云在迎仙宮長生殿，唐五王傳則言在迎仙宮集仙殿，未知孰是也。長安志有長生殿，但云肅宗終於此殿，而不指言此殿之在大明或太極也。東宫有集仙殿，後為麗正、集賢，是東宫一宫固在太極宮城之内矣。詳見東宫。當高宗時大明宮已成，武后擅國，不應猶在東宮養病，予故謂當在大明正宮也。太子之已誅二張也，入后所寢長生殿白之，后謂之曰：「孺子誅，可還宮。」夫天后既自長生殿遣太子還宮，則可以見長生殿之與東宮不同一宫矣。肅宗不豫，張后召越王係授甲長生殿，使討李輔國，肅宗在長生殿，使使者逼張后下殿，則長生也者，必寢殿也，其位置與事為可想而知也。麗山别有寢殿，亦名長生，在華清不在大明也。詳見華清宫下。故東宫、麗山之集仙殿者，皆非武后寢疾之地也。

凌煙閣

南部新書曰：「凌煙閣在西内三清殿側，畫功臣皆北面，閣中有中隔，内面北寫功高侯王，隔外面次第功臣。」案西内者，太極宫也，太宗時建閣畫功臣在宫内也。畫皆北向者，閣中凡設三隔，以為分際，三隔内一層畫功高宰輔，外一層寫功高侯王，又外一層次第功臣，此三隔者雖分内外，其所畫功臣象貌皆面北者，恐是在三清殿側，故以北面為恭耶？

上陽宫

武后既已傳位，徙居上陽宫，中宗率百官詣觀風殿起居。諸家無言上陽何在者，獨長安志内苑有上陽橋，不知此橋即為上陽之橋耶？不敢主定也。崔皎疏曰：「則天在西宫，人心猶有附會。」則上陽宫必在大明之西矣。德宗建中十二年，高力士養女偽為帝母沈太后，上發宫人百餘人齎乘輿御物，迎入上陽宫就供奉，高氏自言是后，驗視者走馬入奏，上受百官賀，已而事覺，以牛車載高氏還家。按此既遣宫女就上陽供奉，則與德宗所御之宫自是不為一地矣。驗視者走馬入奏，又足以見其來自宫外也。夫姜皎指為西宫，而此又迎之宫外，予故疑其在大明之西也。大明之西，若不在禁苑，必在西内苑矣。洛陽有上陽宫在洛城外，此之所言皆長安也，不可以參論。

望賢宮

在咸陽縣東數里。元宗幸蜀還京，肅宗至望賢宮奉迎。德宗西幸，又自望賢宮出奉天也。

光範門

光範門在大明宮含元殿之西，而含元殿西廊有棲鳳閣，閣下即朝堂，有登聞鼓，一如承天之制，皆在承天門內。即宮城門也。夫既有登聞鼓，即外人可得而進，故韓愈上宰相書得以伏光範門外，以宰相退朝路必出此也。長安志。漢制，入司馬門內方是禁中，凡至司馬門者，皆省按有籍方得入。而光範門尚在含元殿外、承天門內，故外人得至也。

東内西内學士及翰林院圖

唐翰苑位置 少陽院 結鄰樓 鬱儀樓 麟德殿 三殿 九仙門 金鑾殿 寢殿 複門

李肇記曰：「翰林院在少陽院南，長慶元年於門下省東少陽院築牆及樓，觀此院自在宮東，非此之少陽院。其東當三院結鄰樓、鬱儀樓。」即三院之東西廊也。「其西北並禁軍營」。韋執誼則曰：「任銀臺門內麟德殿西重廊之後。」〔案〕任當作在。又曰：「北苑之置，〔案〕北苑當作此院。尤為近切，左接寢殿，右瞻彤樓。」會此數說而求之，則其方鄉尚略可考也。三殿者，麟德殿也，一殿而有三面，故名三殿也，三院即三殿也。李絳為中書舍人，嘗言為舍人踰月不得賜對，有詔明日對三殿也。不獨此也，凡蕃臣外夷來朝，率多設宴于此，至臣下亦多召對于此也。結鄰樓即三殿之西廊也，鬱儀樓即三殿之東廊也，鬱儀又東，即寢殿矣。鬱儀、結鄰，皆是重廊。見韋執誼記。翰林院、學士院皆在三殿西廊之外，其廊既為重廊，其門必為重門也。自翰苑穿廊而趨宣召，必由重門而入，故謂複門之召也。李肇便以學士院胡門定為複門者，誤也。寢殿既在翰苑之左，而金鑾殿又在學士院之左，則金鑾益近寢殿矣。自有金鑾殿後，宣對多在金鑾，則知其謹並寢殿矣，以其近也。德宗既已上僊，召學士鄭絪至金鑾殿立憲宗為太子，當如此倉卒，學士遽能入至金鑾殿，則可見矣。翰林院又北則近內苑，其宮城垂轉北處，城之西北角有九仙門，文宗引入鄭注，即自此門也。又門外即列禁軍營，順宗之為太子也，德宗已上僊矣，太子有疾，仍紫衣麻鞋，力疾出九仙門，召見諸軍，以示不病，即此地也。通鑑。惟其與寢殿相切近，故可以如此也。凡此所考，皆大明宮銀臺門、翰林院及兩學士院位置也。若駕在大内，則於明福門置院，駕在興慶宮，則於金明門内置院，在勤政樓東北。亦名翰林院，與此大明宮制不同。

大明宮右銀臺門翰林院學士院圖

結鄰鬱儀樓

麟德殿東廊有鬱儀樓，西廊有結鄰樓，學士院即在西樓重廊之外。李肇、韋執誼所記皆書結鄰為結麟，此恐誤也。道書登真隱訣曰：「上真之道七，鬱儀奔日文為最，結鄰奔月文為次。」蓋鬱儀者羲和也，結鄰者常娥也。九真中經曰：「西玄山下洞臺中有鬱儀、結鄰兩書也。」古宮殿皆取天象物瑞以為之名，日華、月華，亦其義也。則此之二樓者，其必取諸奔日、奔月之仙也，安得改鄰為麟也。況兩樓之中有殿，已自名為麟德，則結麟之名，〔案〕此結麟當作結鄰。必不贅以麟名也。

大明宮右銀臺門翰林院學士院説

翰林院在大明宮右銀臺門内，稍退北有門，牓曰翰林之門，其制高大重複，號為胡門。或疑此是複門。門蓋東向，韋執誼曰：「開元學士院在翰林之南，别户東向。」入門直西為學士院。院有兩廳，南北相沓，而各自為門，旁有板廊，自南廳可通北廳，李肇曰：「南北兩廳皆設鈴，待詔者撼鈴為信。」若是同為一門，不必各設鈴索。又皆南向，院各五間。[案]間李本作門，誤。北廳從東來第一間常為承旨閣，餘皆學士居之，廳前堦砌花磚為道。花磚别有説。南廳本駙馬張垍為學士時以居公主，此其晝堂也，後皆以居學士，其東西四間皆為學士閣，中一閣不居。並李肇記。北廳又北則為翰林院。初，未有學士時，凡為翰林待詔供奉者，皆處其中。後雖有學士，而技能雜術與夫有學可備詢訪之人，仍亦居之。故王叔文、王伾輩以書棊得入也。翰林院又北則為少陽院。

南北學士

唐世嘗預草制而真為學士者，其别有三，太宗之洪文館，元宗之麗正、集賢，開元二十六年以後之翰林，此三地者，皆置學士，則是實任此職，真踐此官者也。若夫乾封間號為北門學士者，第從翰林院待詔中選取能文之士，特使草制，故借學士之名，以為雅稱，其實此時翰林未置學士，未得與洪文、集賢齒也，故曰北門學士，言其居處在洪文、集賢之北也。其曰北者，大明一宫皆在太極東北，而翰林院又在大明宫之北，觀其地位，謹並北苑牆南，則其入内雖自西銀臺，入而皆在洪文、集賢之北也。開元已後，雖於翰林院南別置學士院，正以學士名官，而西院仍在翰林院南，本洪文、集賢，而求其方亦在大明之北，故言翰苑者亦以北冠之，亦是因仍乾封間所名也。

學士出入禁門

李肇記曰：「學士下直出門，相謔謂之小三昧；出銀臺乘馬，謂之大三昧。」三昧者，釋氏語也，言其去纏縛而自在也。用此言之，則學士自出院門而至右銀臺門，則皆步行，本朝名步行學士亦本此。直至已出宫城銀臺門外，乃得乘馬也。然此亦學士未為承旨者體制如此耳，若為承旨，則有別禮。故元稹自言為承旨時得從内朝乘馬扈從，又有詩自言得於太液池邊乘馬以行。此則承旨特禮也，為學士者無之。詳見罘罳下。

學士宣召

沈氏筆談曰：「唐制自宰相而下，初命無宣召之禮，惟學士宣召。蓋學士院在禁中，非内臣宣召，無因得入。」予按學士宣召特禮也，開元前北門本無學士，亦無職守，如李白輩供奉翰林，乃以其能文特許入翰林，不曰以某官供奉也，俗傳白衣入翰林者此也。又曰上數欲命白以官，為中宫所捍而止，是白在開元竟無官也。後至二十六年剏置學士院，乃始制為官稱，是為翰林學士，此時得為學士者，固與前此白身供奉者不同。然向來尚以詔召之禮加乎無官之士，則今之在院而明命以為學士者，安得獨廢特召之禮也？然此之宣召，乃是院中熟例而不可輒減耳，非為院在禁中乃加宣召也。按銀臺門内直紫宸殿西，固在禁中，然而中書、門下兩省官分居日華、月華門，其日華、月華亦在宣政殿之東西廊，是亦同在禁中矣。若謂學士體重當加宣召耶？為學士而得知制誥，又滿年乃遷中書舍人，不應職任輕時加宣召以為禮，及其進官位望益重反無宣召也。故予謂宣召之禮，自待詔無官時有之，其後循襲不復減殺耳。沈氏又曰：「唐翰林院在禁中，乃人主燕居之所，玉堂、承明、金鑾殿皆在其間。」此又失也，承明、玉堂皆漢殿耳，唐無此名也。沈氏又曰：「學士院北扉，其為在浴堂之南，〔案〕其為當作為其。便於應召。」此又誤也，學士院在紫宸、蓬萊殿之西，浴堂殿自在紫宸之東，不在學士院南也。詳在浴堂下。

北廳花塼

李肇曰：「學士院北廳前有花塼道，冬中日及五塼為入直之候。李程性懶好晚入，常過八塼乃至，衆呼為八塼學士。」唐書語畧難曉，故詳具也。

浴堂殿

唐學士多對浴堂殿，李絳之極論中官，柳公權之濡紙繼燭，皆其地也。然自六典以及呂圖，皆無此之一殿。石林葉氏曰：「學士院北扉者，浴堂之南，便於應召。」此恐未審也。學士院之北為翰林院，翰林院之北為少陽院，設或浴堂在此，亦為寢殿、三殿之所間隔，不容有北門可以與之相屬矣。館本唐圖則有浴殿，而殿之位置乃在綾綺殿南也。綾綺者，長安志曰在蓬萊殿東也。而夫學士院者，自在蓬萊正西也。東西既已相絶，中間多有别殿，無由有門可以相為南北也矣。長安志嘗記浴堂門、浴堂殿、浴堂院矣，且曰文宗嘗於此門召對鄭注，而於浴堂殿對學士焉。又别有浴堂院亦同一處，可以知其必在大明矣。而不著其正在何地，故予意館圖所記在綾綺殿南者是矣。而元稹承旨廳記又有可證者，其説曰：

「乘輿奉郊廟，則承旨得乘厩馬，自浴殿由内朝以從。若外賓客進見於麟德，則止直禁中以俟。」夫内朝也者，紫宸殿也。唐之郊廟，皆在都城之南，人主有事郊廟，若非自丹鳳門出，必由承天門出，決不向後迂出西銀臺門也，則浴堂之可趨内朝也，内朝之必趨丹鳳門也，其理固已可必矣。又謂殿在蓬萊殿東，即與紫宸殿相屬又可必矣。然則館圖位置，其與元稹所記，殆相發揮，大可信也。至於外賓客見于麟德，則麟德謹並學士院東，故不待班從而可居院以待也。合二語以想事宜，則浴堂也者，必在紫宸殿東而不在其西也。

金鑾坡 龍首山形勢太液池附

金鑾坡者，龍首山之支隴，隱起平地而坡陀靡迤者也。其上有殿，既名之為金鑾殿矣，故殿旁之坡亦遂名曰金鑾坡也。此在唐雖無記載，而其形勢可推也。大明宮自南而北為含元殿，又北為宣政，又北而為紫宸，前後相沓，皆在山脊。至紫宸又北而為蓬萊殿，則殿有大池，宗楚客之詩曰：「太液天為水。」則可見其廣矣。若此殿地勢猶高，與含元、紫宸同在山上，則接天之水，從何激導而能如此逆上也，以此推之，則龍首山勢至蓬萊而夷於平地，無可疑也。詳見前螭頭下。金鑾殿者，在蓬萊山正西微南也。龍首山坡隴之北至此餘勢猶高，故殿西有坡，德宗即之以造東學士院而明命，其實為金鑾坡也。韋執誼故事曰：「置學士院後，又置東學士院於金鑾殿之西，李肇志亦曰：「德宗移院於金鑾坡西」也。石林葉氏曰：「俗稱翰林學士為坡，蓋德宗時嘗移學士院於金鑾坡，故亦稱坡。」此其説是也。而不言金鑾何以名坡，於事未白，予故詳言也。若夫諸家謂為移院者，則亦失實，蓋德宗造院於金鑾坡上，是即此之坡而別建一院耳，以其在開元學士院之東，故命為東翰林院，而夫開元刱立之院在右銀臺門内者元不曾廢也，即諸家謂移院者皆誤也。

複門

複門亦無的載。李肇曰：「翰林之門，重複高大，號為胡門。」此或為複門也耶？韋執誼記曰：「院在銀臺門内，麟德殿重廊之後。」複門也者即重廊，而每廊各設一門者也。此即在院得召，自西重廊複門而入，對乎麟德者也。石林曰：「學士院在禁中，非内臣宣召，無因得入，故院設複門，所以通禁庭也。」石林此語，不知何出？若指初入院時宣召，以為須召乃入，則自是由宫城之外而得入宫城之門耳。此之宫門即右銀臺門矣，而銀臺門不聞嘗設複門也。若以院内自有複門，須召乃得入對，則凡宿直者身雖得在禁中，苟無詔皆不輒見，不止學士院限隔複門也。反覆求之，不皆可合，故予亦未敢主信也。

學士院都圖

閣本興慶宮圖

興慶宮説

大興京城東南角有坊名隆慶，中有明皇為諸王時故宅。宅有井，井溢成池，中宗時數有雲龍之祥，帝亦數幸以厭當之，後引龍首堰水注池，池面益廣，即龍池也。明皇開元二年七月，以宅為宮，既取隆慶坊名以為宮名，而帝之二名其一為隆，故改隆為興，是為興慶宮也。其曰南内者，在太極宮東南也。寧、薛諸王宅地皆並此宮，遂獻入之，故元宗曰：「大兄遜朱邸以成花萼相輝之美。」會要。十六年，始移仗於興慶宮聽政。會要三十。諸王既獻宮地，仍別建第宅環宮而居，帝於宮隅為二樓，西則花萼相輝，南則勤政務本，西樓以燕兄弟，而南樓以修政事也。開元二十年，築夾城，通芙蓉園，自大明宮夾東羅城複道，由通化、安興門次經春明門、延喜門又可以達曲江芙蓉園〔案〕通化當作通化門。而外人不知也。元宗自蜀回居北宮，其南樓下臨通衢，故李輔國云可通外人，恐或有變也。

興慶池

帝王之興，悉著符瑞，理固有之，然而傅會者多也。元宗之名，與隆慶坊舊宅相符，固可命以為瑞矣。六典所記曰：「宅有井，忽湧為小池，周袤十數丈，常有雲氣或黃龍出其中，至景雲間潛復出水，其沼浸廣，里中人悉移居，遂鴻洞為龍池焉。」開元初以為離宮，後又增廣，遂為南内，其正殿名大同殿，殿之東北即有龍池殿，蓋主此池以為之名也。已上並六典。然予詳而考之，長安志曰：「龍池在躍龍門南，本是平地，自垂拱初載後因雨水流潦成小流，後又引龍首渠波分溉之，日以滋廣，至景龍中彌亘數頃，深至數丈，常有雲龍之祥，後因謂之龍池。」志又曰：「龍首渠者，隋城外東南角有龍首堰，隋文帝自北堰分滻水北流至長樂陂西北，分為二渠，其西渠自永嘉坊西南流經興慶宮。」呂圖亦著滻水入興慶池路。則是興慶之能變平地以為龍池者，實引滻之力也，人力勝而舊池改，故始時數尺，久乃數頃不難也。至六典所紀，乃言初時井溢，通鑑云：「民王純家井溢。」已乃泉生，合二水以成此池，則全没導滻之實，而專以歸諸變化也。六典者，中書令張九齡之所領撰，已上而罷令，李林甫繼之，仍加注以奏。詳見六典下。凡此掩飾增損，實皆注文，而本文無之，則是諂辭皆出林甫，而非九齡之得知也。以其人想之，則飾虛成有，自可見矣。唐事誕妄，固有類此者，武后改新豐縣爲慶山縣，其説曰，后時嘗因雷雨湧出一山，故取以爲名也。而其何以輒湧也者，不言其以也，〔案〕其以當作其所以，或所以。此即在位小人共加傳會也。〔案〕傳會當作傳會。至兩京道里志則言其詳矣，曰：「慶山踴出，初時六七尺，漸高至三百尺。」則非一旦驟爲三百尺也。自六七尺日日絫增至三百尺，是積力爲之，非一夜雷雨頓能突兀如許也。此爲人力所成，大不難見也。其時有給事中魏叔璘者竊爲戲言曰：「此平地生骨堆耳。」后聞賜叔璘死。夫近臣竊議，尚且見殺，則役人施工者，安敢誦言其以乎？〔案〕其以當作其所以或所以。以國力之盛，爲人所不敢竊議之役，則雖一夜穿井至深百尺，尚其可能，則平地絫土爲山及二十丈，豈其難耶？南部新書曰：「天后時有獻三足雞者，左右或言一足僞耳，天后笑曰：『但令史册書之，安用察其真僞。』」鷄之多足，即山之踴出者也，書其事者皆唐臣，安敢明證其僞也？此古今符瑞之凡也。

華清宫圖

温泉

温湯在臨潼縣南一百五十步，新豐、慶山皆其地。在驪山西北。十道志曰：「泉有三所，其一處即皇堂石井，後周宇文護所造。隋文帝又修屋宇，并植松柏千餘株。正觀十八年，詔閻立德營建宮殿、御湯，名湯泉宮。〔案〕各當作名。太宗臨幸製碑。咸亨三年，名温泉宮。唐年小録曰開元十年置，實録與元和志則曰開元十一年置。天寶六載，改為華清宮，於驪山上益治湯井為池，臺殿環列山谷。開元間明皇每歲十月幸，歲盡乃歸。以新豐縣去泉稍遠，天寶四載，置會昌縣，即於湯所置百司及公卿邸第焉。」華清宮東北向，正北門外有左右朝真門。正門曰津陽門，宮北門之内曰津陽門，門外有洪文館以下，見津陽門詩注及今所存之迹。東面曰開陽門，西面曰望京門，此兩京字必有悮。南面曰望京門。〔案〕此望京門據宋敏求長安志及駱天驤類編長安志當作昭陽門。上注云兩京字者，殆程氏所用宋志南面亦已舛誤成望京門耶？津陽門之東曰瑶光樓，南有少陽。其南曰飛霜殿，寢殿也。白少傅以長生殿為寢，非也。御湯九龍殿，在飛霜殿之南。亦名蓮花湯，明皇雜録曰：「玄宗幸華清宮，新廣湯，制作宏麗。安禄山於范陽以白玉石為魚龍鳧鴈，仍以石梁及蓮花同獻，彫鐫巧妙，殆非人功。上大悦，命陳於湯中，仍以石梁横亘湯上，而蓮花纔出於水際。上至其所，解衣將入，而魚龍鳧鴈皆若奮鱗舉翼，狀欲飛動，上恐，遽命徹去，而蓮花至今猶存。又嘗於宮中置長湯數十間屋，皆周回甃以文石，為銀鏤漆船及白木香船，寘於其中，至於楫棹皆飾以珠玉，又於湯中累瑟瑟及沉香為山，以狀瀛洲、方丈。」津陽門詩注曰：「宮内除供奉兩湯外，内更有湯十六所。長湯每賜諸嬪御，其修廣與諸湯不侔，甃以文瑶密石，中央有玉蓮花，捧湯泉噴以成池，又縫綴錦繡為鳧鴈，寘於水中。上時於其間泛鈒鏤小舟以嬉游焉。」次西曰太子湯，又次西少陽湯，又次西尚食湯，又次西宜春湯，又次西長湯，十六所今維太子、少陽二湯存焉。〔案〕自標題温泉至此注而魚龍梟鴈皆處，李本脱去，蓋後印時版片爛壞一葉而未補刻所致。玉女殿，今名星痕湯，玉石甕湯所出也。七聖殿，殿在宮中，自神堯至睿宗、昭成肅明皇后皆衣禮衣立侍。繞殿石榴皆太真所植。宜春亭，在開陽門外。重明閣，今四聖殿北，臨高有重明閣，倚欄北瞰，縣境如在諸掌。四聖殿，長生殿，齋殿也，有事於朝元閣，即齋沐此殿。集靈臺，朝元閣，天寶七載，元元皇帝見于朝元閣，即改名降聖閣。老君殿，朝元閣之南，玉石為老君像，制作精絶。鐘樓，在朝元閣之東。明珠殿，長生殿之南近東也。筍殿，殿側有魏温泉堂碑，其石瑩，見人形影，宮中號玻瓈碑。觀風樓，樓在宮外東北隅，屬夾城而達于内，臨池道，周視山川，大歷中魚朝恩毁拆以修章敬寺。鬬鷄殿，在觀風樓之南。按歌臺，在鬬鷄殿之南，臺高，臨東繚牆。毬場，宜春亭之北門外。連理木，飲鹿槽，丹霞泉，在朝元閣之南。羯鼓樓。朝元閣東，近南繚牆之外。禄山亂後，罕復遊幸。唐末遂皆隳廢。

温泉説

温泉在麗山，與帝都密邇，自秦、漢、隋、唐人主皆嘗遊幸，惟元宗特侈。蓋即山建宮，百司庶府皆行，各有寓止，自十月往，至歲盡乃還。宮又緣楊妃之故，其奢湯特為章著。大抵宮殿包裹麗山一山，而繚牆周遍其外，觀風樓下，又有夾城可通禁中。白居易追咎其事，作歌以為後監，世喜傳誦，然詩多不得其實也。華清宫者，本太宗温泉宫也，天寶六載，始名華清，而楊妃入宫以太真得幸，已在三載，則華清未名，而妃已先幸。今曰「春寒賜浴華清池」，「始是初承恩幸時」，此已誤矣。而又記其欵昵，則曰「七月七日長生殿」。華清宫固有長生殿矣，而其地乃齋宿禮神之所，本非寢殿，帝又未嘗以七月至驪山，則白歌皆不審也。杜牧詩亦曰「一騎紅塵妃子笑，無人知道茘枝來」。元宗亦未嘗以六七月幸華清宫，則遞進茘枝亦不在幸山時也。案樂天集，長恨歌不自為叙，以陳鴻所傳驪山事為叙。樂天所歌謂妃得幸在賜浴華清之時，及方士傳道妃語，皆本鴻傳以為之説也。歌之作也在元和元年冬，蓋王質夫用鴻説勸樂天為之，而鴻自言亦謂得之傳聞，非元宗本紀所載也，則樂天之誤出於陳鴻也。然而事有不可專執故常者，觀風殿有複道可以潛通大明，則微行間出，亦不必正在十月矣。唐志記茘枝香曲所起曰：「貴妃生日燕長生殿，南方適進茘枝，因以茘枝香為曲。」則茘枝熟時亦自可幸驪山也。故予謂不可執守故常也。凡左方所録宫殿方向，長安志率取津陽詩注為據，津陽詩者，鄭愚之所作也。〔案〕鄭愚當作鄭嵎。

長春宮

長春宮在同州朝邑縣。十道志曰：「周武帝保定五年宇文護築。大業十三年高祖起義，自河東引兵而西，濟河至朝邑，舍於長春宮殆三數月，休甲養士，仍資永豐倉粟為用。」迄後此宮不廢，揆之商、周，其殆西亳、偃師之類歟？詳見予書譜。武德二年，嘗命太宗鎮此。

大安宮

又有大安宮者，高祖以秦王功高，立宅以居之，名洪義宮，〔案〕洪義宮本當作弘義宮，避宋太祖父趙弘殷諱改。至正觀三年高祖為上皇，徙而居之，改名大安宮，在宮城外西偏。而太子宮中乃有顯德、洪文、麗正等殿，皆在太極宮城之內，故馬周致議以為不倫也。太宗嘗獵昆明，獻獲于大安宮，蓋自昆明東歸之路也。詳見大明宮下。

龍躍宫

宫在高陵縣西十里店，神堯舊宅也。本名通義宫，武德六年名龍躍宫，以通義監爲龍躍寺。德宗改爲修真觀。内有神堯真容。至朱梁其宫廢。

唐宫雜名

玉華宫

在坊州宜春縣，正觀二十一年造。

九成宫

在鳳翔府麟遊縣，本隋仁壽宫，文帝以避暑，每歲春往冬還，文帝竟終於此宫。太宗欲以宮奉高祖，高祖惡之不往。正觀五年，太宗自修繕以備清暑，改名九成宮。高宗永徽元年改為萬年宮。

仁智宮

武德七年造，在宜州宜君縣。

秦蘭池宮

秦於蘭池側造。宮至唐猶在，太宗出征，高祖至此宮餞之。或云漢宮。

興德宮

在同州馮翊縣南，義旗初起嘗駐此。

永安宫

正觀八年置，在麟遊縣西。

太清宫　紫微宫　紫極宫　元元皇帝廟

開元二十九年，詔兩京及諸州各置元元皇帝廟一所，後改爲太清宫，東都爲紫微宫，諸州各爲紫極宫。太清以白石爲元元皇帝真像，衮冕之服，當扆南向，元宗、肅宗真容立侍左右，則皆朱衣朝服。張巡起兵，率吏哭元元皇帝祠者，凡郡皆有紫極宫也。

慶善宫　披香殿

本名武功，高祖舊第也，在武功縣渭水北，太宗誕生於此。正觀六年改慶善宫，上賦詩，吕才被之管紘，〔案〕管紘當作管絃。名慶善樂。有披香殿。

翠微宮

武德八年造，名太和，在終南山。正觀二十一年改翠微宮，寢名含風殿。蘇文忠詩曰：「植立含風廣殿」用此也。太宗於此宮上僊。楊大年談苑曰：「宮在驪山絶頂，太宗常避暑于此，後為寺，寺亦廢。有遊者題云：『翠微寺本翠微宮，樓閣亭臺數十重，天子不來僧又去，樵夫時倒一株松。』」

魚藻宮

禁苑池中有山，山上建魚藻宮。王建宮詞曰：「魚藻宮中鎖翠娥，先皇幸處不曾過，而今池底休鋪錦，菱角雞頭積漸多。」先皇，德宗也。池底張錦，引水被之，令其光艷透見也，德宗亦已奢矣。故横取厚積，如大盈之類，豈獨為供軍之用也，若非王建得之内侍，外人安得而知。

十六宅 百孫院

在安國寺東，寺在朱雀街東第五街。附苑城為大宅，分處十王，謂慶、忠、棣、鄂、榮、儀、台、〔案〕其時無台王，此台當是光或延之訛。潁、永、濟也。後盛、壽、陳、豐、常、〔案〕本當作恒，避宋諱改。涼六王又就封入内宅，是為十六宅。後以諸孫成長，又置百孫院。

雍録卷第五

新安程大昌泰之

漢唐用兵攻取守避要地圖

説

兵家攻取守避，必見其著迹之為何地，然後事情可曉。故馬援聚米，而光武曰「虜在目中」者，實狀審於空言也。漢惟高帝入關入漢中，已而出定三秦，凡其往來所經，則當紀録。而它君定居，其所有不必言。〔案〕所有當作所在。獨唐世變故最多，自太宗時突厥已造渭北，而其後諸帝率多因事他出，不與漢世定據一地者同矣。自馬遷史體既分，則紀傳異處，而事之首尾，因亦散出。故予於事之大者，率皆會粹歸一，使之易曉矣。尚念徒語難喻，於是率其地望方所，聚為一圖，使其出入趨避之因，指掌可推，而事情易白也。

漢高帝入關

秦三年，沛公至南陽，宛縣降。八月，攻武關。應劭曰：「武關，秦之南關也。」在南陽析縣西百七十里。北攻嶢關，李奇曰：「在上洛北，藍田南，武關之西也。」嶢關未下，踰蕢山大破之，遂至藍田。長安志曰：「藍田關，即嶢關也，在縣東南九十里。蕢山，縣在東南二十五里也。」〔案〕縣在當作在縣。踰蕢山者，繞出嶢關之西也。漢元年十月，至霸上，霸水之上也，亦曰霸頭。秦王子嬰出枳道旁降，枳在長安東十三里。遂西入咸陽。咸陽斜在長安西北。聞章邯降項羽，羽既名邯為雍王，沛公知邯必據關中，乃閉守函谷關，不納諸侯軍。關在洪農縣，至唐時在河南穀城縣，即新安縣。〔案〕洪農本當作弘農，避宋太祖父趙弘殷諱改。項羽聞關門閉，使黥布攻破之，遂至戲下。戲水在昭應縣東北三十里，即新豐縣也。沛公自詣鴻門謝羽，羽怒解，在新豐東十七里戲水北。引兵屠咸陽。春正月，羽立沛公為漢王，王巴、蜀四十一縣，都南鄭。南鄭，梁州之縣也，在長安西南。羽三分關中，立秦三將：章邯為雍王，都廢丘；槐里。司馬欣為塞王，都櫟陽；董翳為翟王，都高奴。在延州。四月，漢王入蝕中，蝕，音力。至南鄭。漢中也。蝕中之名地書皆不載，以地望求之，關中南面皆礙南山，不可直達，其有微徑可達漢中者，惟子午關，子午關在長安正南，其次向西則有駱谷關，漢、魏之世止有駱谷道，曹爽伐蜀入駱谷道不可行，至高祖始開駱谷道以通梁州。〔案〕此高祖上應有唐字。關之又西則褒斜也。此之蝕中，若非駱谷，即是子午也。若大散關則在漢中西南，不與咸陽對出，非其地矣。其年五月，漢王引兵出襲雍，則自褒斜北出也，蓋雍縣之陳倉也。漢兵既出，邯走廢丘，遂定雍地，止是雍縣一縣。東□咸陽，〔案〕□李本作如，是。圍廢丘。八月，塞王欣、翟王翳皆降漢。二年三月，漢主自臨晉渡河，〔案〕漢主李本作漢王，是。擊魏豹，唐同州朝邑縣。魏王降。已而復叛，韓信陳船欲渡臨晉，而潛襲安邑，遂虜豹。臨晉，朝□縣。〔案〕朝□縣李本作朝城縣，誤，當作朝邑縣。

唐高祖入關

帝為晉陽留守，定計入關，以隋恭帝義寧元年七月發晉陽，至西河，宋老生在霍邑，屈突通在河東，皆發兵拒守。宋老生既敗，高祖遂留兵圍河東，八月引而西濟河，至朝邑，舍長春宮，詳見長春官下。〔案〕長春官當作長春宮。命劉文静守潼關，世民徇渭北。庚午，帝自臨晉渡渭，復還長春宮。世民頓于阿城。帝命建成自新豐趨長安宮，世民進屯長安故城。十一月圍長安，其大興城守如故。進攻大興城，下之，遂迎代王即位，帝自長樂宮入長安。凡此之言長安者，槩言關中京兆府地也。至言漢城，則曰長安故城，所以別乎隋之大興城也。明年受代王禪，改元武德。

中宗反正

神龍元年武后病甚，在迎仙宮，張易之、昌宗居中用事。張柬之、崔玄暐、恒彦範、敬暉、袁恕己謀誅之，〔案〕恒彦範當作桓彦範，避宋欽宗趙桓諱改。與右羽林衛大將李多祚定謀，仍用彦範、敬暉、李湛為左右羽林將軍，帥羽林兵五百餘人至元武門，迎太子於東宫。東宫在太極宫城内，其大明宫及太極宫之北皆有元武門，下文載太子入至太后寢所，即從大明北門入也。太子疑不出，王同皎曰：「今北門、南牙北門、南牙詳見後。同心以誅凶孺，復李氏，願殿下暫至元武門。」太子乃至元武門，斬關入迎仙宫，斬易之、昌宗於廡下。恒彦範等進至太后所寢長生殿，請傳位太子。明日東宫復位，后徙上陽宫，中宗反正。

元宗平内難

景雲元年韋后殺中宗，自臨朝攝政，立温王重茂為帝。后懲武后為禁兵所剿，〔案〕武后李本作武氏。於是召諸府兵之在關中者五萬人屯京城，使諸韋分領之，以防變也。初，中宗循用太宗飛騎法，增為千騎，隸左右羽林，目為萬騎，臨淄王隆基皆結其豪傑，諸韋不能覺也。鍾紹京者為禁苑總監，官守切近宫禁，而其所轄工役，其刀斧器械可用。遂與劉幽求謀誅韋氏，仍以其意諷諭萬騎，衆皆踴躍請效死。睿宗時為相王，初不預知也。隆基與幽求等微服入禁中，羽林將士皆屯元武門。向二鼓，葛福順直入羽林營斬韋璿等，以諭其意，士皆欣然聽命。隆基遂與幽求等出苑南門，羽林在大明宮北，夾宮為營，其曰出苑南門者，出禁苑之南門，對内苑北門而入也。福順將左萬騎攻元德門，李仙鳧將右萬騎攻白虎門，左萬騎者，北禁軍之營，軍之營于大明宮東者也。右萬騎者，北禁軍營在大明之西者也。約至凌煙閣前大譟，凌烟閣在太極宮。福順等即斬關入。於是隆基勒兵元武門外，元武門，内苑之北門也。三鼓聞譟聲，帥總監工匠及羽林兵而入，諸衛兵在太極殿前諸衛即十六衛，營在朱雀門内者。擁衛梓宮者，聞譟皆被甲應之。韋后走入飛騎營，有飛騎斬后首。或曰，后入飛龍廐，為廐士所斬，獻於隆基。捕索諸韋盡斬之，至曉皆定，乃白相王。相王入，分騎收捕諸韋皆斬之。少帝遜位，睿宗立。案元宗此舉，全取五王誅二張事而益加詳處。初時北軍羽林固已與之協力，及其入宮，以兵譟為驗，而前殿諸衛遂皆應之，則南牙、北司皆有先約，故雖諸韋分總兵柄，亦無能有所拒抗。及事已成，盡誅諸韋，史氏謂諸韋在杜曲者濫死非一，此不知元宗本意也。蓋懼一韋脱逸，它日或為三思也。

明皇幸蜀

天寶十四載十一月，安禄山反，十二月陷東都。至德元載六月，潼關失守，上與貴妃、皇子等以乙未黎明出延秋門，過便橋，至咸陽望賢宫。長安志云：宫在咸陽縣東數里。丙申至馬嵬驛，在興平縣，在府西百餘里。〔案〕興平縣下李本重一縣字，是。禁軍殺楊國忠，於是楊妃縊於驛。丁酉，上將發馬嵬，將士或請之河、隴，或請之靈武，或請之太原，或言還京師。上意在入蜀，父老遮道請留，乃命太子於後宣慰父老。父老知上不留，願帥子弟從太子東破賊取長安，太子不可，跋馬欲西，建寧王倓曰：「殿下若入蜀，則中原之地拱手授賊矣。」廣平王俶亦勸太子留，太子乃使俶白上，上曰：「天也。」俶，代宗也。乃命分後軍二千人及飛龍廐馬從太子。辛丑，上發扶風，宿陳倉。壬寅，至散關。丙午，至河池。甲子，至普安。是日肅宗即位靈武，尊元宗曰上皇天帝，改元至德。庚子，上至巴西。庚辰，至成都。二載正月，李猪兒殺禄山。十月，郭子儀逐張通儒，遂入陜州。安慶緒盜據洛陽，聞敗夜走，趨河北。時肅宗已自靈武回至鳳翔，遣韋見素入蜀迎上皇。丁卯，肅宗入西京。十一月，上皇至鳳翔。十二月，至咸陽，上備法駕迎於望賢宫，自開遠門入大明宫，御含元殿，即日幸興慶宫，遂居之。甲子，上皇御宣政殿，以傳國寶授上。至德三載正月，上皇御宣政殿，加上尊號。已上通鑑。二月，上於興慶殿上上皇尊號曰太上至道聖皇天帝，改至德三載為乾元元年。皇帝每問安寢門，聖皇亦時至大明宫問皇帝。七月，李輔國稱皇帝命遷聖皇于大内之甘露殿。初，興慶宫南有長慶樓，俯臨市衢，聖皇時御此樓，置酒眺望。輔國疑有變，遂白上曰：「聖皇所居近市，與外人交通，請移入居大内。」帝不應，輔國乃傳帝語迎聖皇至睿武門，赴甘露殿，宫人皆不得從，更選東内宫人嘗給使者，趨西宫以備灑掃。元年，聖皇崩于神龍殿。

案元宗幸蜀，自苑西門出，在唐為苑之延秋門，在漢為都城直門也。既出，即由便橋度渭，自咸陽望馬嵬而西，由武功入大散關、河池、劍關，以達成都。其返也，路亦如之。故肅宗迎元宗於望賢宫者，度渭而至咸陽也。明日上皇始入國門，既入即御含元殿者，東内也。其日即幸興慶宫，遂居焉，則南内也。肅宗欲問起居，則由夾城過興慶，元宗亦時一至大明宫也。至乾元元年，李輔國矯遷帝入西内居甘露殿，則在西内之東南矣。崩于神龍殿，亦西内也。

肅宗往返靈武

至德元載，元宗棄長安將趨蜀，肅宗以太子從至馬嵬，元宗留太子在後宣慰百姓。未至馬嵬前事，在元宗入出蜀下。太子不從入蜀，即自奉天而上，次永壽、邠州東南。新平郡、邠州。安定，涇州。庚子至彭原，寧州。辛丑至平涼，原州。大閲監牧，得馬數萬匹，至此所適尚未堅定。朔方留後杜鴻漸等勸上之朔方，曰：「朔方天下勁兵，靈州用武之地，且回紇請和，吐蕃内附，可用也。」上深然之，遂東趨靈武。七月辛丑，至靈武。甲子，於靈武南樓即位，發使入蜀奏知。七月，尊元宗為上皇天帝，改元至德。當靈武即位之日，是為丙寅，其日上皇方幸普安。已而郭子儀、李光弼大破賊於常山，八月，二臣皆趨靈武。其月，上皇至蜀郡。九月，上南幸彭原，彭原，即寧州，自靈武回向南行。與回紇和親。十月，至彭原，房琯請兵討賊。庚子，敗於陳濤斜，陳濤者，隸屬咸陽縣也。二年正月，安禄山為子慶緒所殺，甲辰即偽帝位。二月，駕幸鳳翔。五月，郭子儀與賊戰於西京清渠，王師敗績，子儀退守武功。七月，回紇領兵四千餘衆助討賊。九月丁亥，元帥廣平王俶代宗也。領朔方、安西、回紇、南蠻、大食之衆十五萬收西京，戰香積寺北，寺西拒澧水，東臨大川，大川，即交水也，交水，即樊、杜諸水所會也。賊軍大潰，賊偽西京留守張通儒走陜郡。癸卯，廣平王入長安。十月，車駕還京。子儀東逐張通儒，通儒走洛。慶緒聞之，其夜遂奔河北。戊戌，官軍入東京。癸亥，上自鳳翔行至咸陽望賢宮，東都報捷至。丁卯，自開遠門入居大明宮。又三日，上皇發離蜀郡。十二月，上皇至自蜀。

案安禄山以天寶十四載十一月反，明年七月，肅宗即位靈武，改其年為至德元載。

二載正月，祿山為慶緒所殺。九月，廣平王收西京。自失守以至剋復，凡跨涉十五月，可謂速矣。其趨靈武也，自邠原以達靈武，返亦如之。當西京未復，留鳳翔者凡十閱月。

代宗幸陝還京

廣德元年秋，吐蕃盡取河西、隴右之地，入大震關，自鳳翔以西、邠州以北，皆為左衽。冬十月，進寇奉天、武功，詔以雍王适為關内元帥，郭子儀為副，出咸陽以禦之。雍王，德宗也。上方治兵，而吐蕃已度便橋。丙子，上跳。丁丑，至華州。戊寅，吐蕃入長安，立邠王孫承宏為帝。辛巳，上至陝。時子儀在南山，已罷兵柄，募兵才得三十騎，自御宿川循山而東向藍田，南出至武關，收六軍散卒，諸將聞之，皆大喜願附比，至商州得兵四千人，軍勢稍振，奏乞回兵出藍田，上許之。百姓紿賊曰：「郭令公自商州來，兵不知多少。」吐蕃大駭，庚寅，悉遁去。壬寅，子儀自滻水入城。十二月丁亥，駕發陝州。甲午，至長安。

德宗幸奉天入出漢中

建中四年八月，李希烈圍哥舒曜於襄城。九月，發涇原兵救之。十月丙午，涇原節度使姚令言將兵至京師，既無賞賜，又糲食菜餤。丁未，發至滻水，兵變，遂西趣京城，擁令言與俱還。上命賜帛人二疋，賊已至通化門，大興城東面之門，在夾城之南，其北去丹鳳門止兩坊。又出金帛賜之，賊已入城，又遣姜公輔慰諭，賊已陳於丹鳳門外。倉卒召禁衛，無一人至，賊遂斬關而入。上自苑北門出，竇文場、霍仙鳴率宦官左右僅百人以從，太子執兵以殿。姜公輔曰：「朱泚嘗為涇帥，今廢處京師，恐亂兵奉以為主，不如殺之。」上不暇用。夜至咸陽，羣臣皆不知乘輿所之，盧杞、陸贄追及上於咸陽。賊入大明宫，登含元殿，趣府庫運金帛，姚令言迎朱泚夜入含元殿。戊申，徙居白華殿。晟後收長安，亦自白華門入，諸家不載何地，以晟兵所届言之，當在大明東苑之東。泚夜於苑門出兵，旦自通化門入，絡繹不絶。上思桑道茂之言，幸奉天縣，在府西北一百六十里。己酉，渾瑊至奉天。泚使韓旻將兵三千，聲言迎駕，實欲襲之，段秀實時在泚所，倒用司農印印符追旻還。泚議稱帝，秀實奪源休象笏，擊泚中額，衆殺秀實。泚入宣政殿，稱大秦皇帝。上遣告難諸鎮，李懷光帥衆赴長安。泚自將逼奉天，上命韓游瓌將兵三千，拒泚於便橋，中路遇泚，遂回衛奉天。官軍戰不利，泚爭門欲入，渾瑊曳草車塞門，賊乃退。泚營於城東，為衝梯日來攻城，幽州兵救襄城者多歸於泚。汝、鄭應援使劉德信以東渭橋有轉輸積粟十萬斛，癸亥，進屯東渭橋。泚夜攻奉天，渾瑊力戰却之。李晟自四年十一月丙子，泚移帳於乾陵，下視城中，動静必見，攻圍經月，城中資糧俱盡。

蒲津濟，而軍於東渭橋。尚可孤亦自武關入，敗泚將于藍田。駱元光守潼關，賊由是不能東出。馬燧遣其子彙入援，屯中渭橋。由是泚黨所據長安而已，援軍游騎時至望春樓。即苑東望春宮也。泚内以長安為憂，乃急攻奉天，造雲梯攻城，渾瑊度其所傃，鑿地道俟之。雲梯至城，已有登城者，梯輾地道陷，城上人乘風投火炬，攻具皆為灰燼。入夜，泚復來攻，矢及御前三步而墜，上大驚。李懷光蠟表至，城中歡聲如雷。癸巳，懷光敗泚兵於醴泉，泚懼，遁歸長安。衆以為懷光三日不至城陷矣。詔懷光引軍屯渭橋，取長安。懷光遠來不見天子，遂頓兵不行，罪狀盧杞，上不得已貶杞新州司馬。興元元年正月，李希烈即帝位，號大楚。上於行宫置瓊林大盈庫；元宗幸蜀時，細民焚大盈庫，崔光遠救滅，得不盡火，則此庫久已有之，至此復置，非刱也。用陸贄諫去其牓。吐蕃請出兵助唐討賊。二月，李晟謀取長安，斬劉德信并其軍，軍勢益振。劉德信軍時與晟同在東渭橋，故晟并其軍。懷光既脅迫朝廷數盧杞罪，不自安，遂有異志，又惡李晟獨當一面，乃奏請與晟合軍。晟與懷光會于咸陽，仍自結陣歸東渭橋。懷光反狀已明。辛酉，晟奏請急為備，且蜀、漢之路不可壅，以趙光鋭等為洋、劍三州刺史。〔案〕洋、劍當作洋、利、劍。懷光潛與泚通謀，行在人皆知之，即中嚴門禁，從官亦密裝以待西幸。上將幸梁州，嚴震以兵迎衛，渾瑊贊其行。丁卯，上出城西，懷光使其將孟保惠等三人趣南山邀車駕，三將以追不及還報，由是從行者得入駱谷。駱谷，詳見地名駱谷關下。東渭橋有粟十萬斛，給李懷光幾盡。李晟以孤軍處二强寇之間，無資糧救援，徒以忠義感軍士，故衆雖單弱，而鋭氣不衰。是時韓游瓌屯邠寧，戴休顔屯奉天，駱元光屯昭應，尚可孤屯藍田，皆受李晟節度，軍聲益大振。懷光以其下多叛，懼李晟襲之，走河中。庚申，駕至成固。興元府屬縣。〔案〕成固當作城固。壬辰，至梁州。糧用窘，上欲幸成都，嚴震説上曰：「山南地接京畿，李晟方圖收復，籍六軍為聲援。若幸西川，則晟未有收復之期也。」會李晟表至，亦言駐漢中可繫民心，若幸岷、峩則失望，上乃止。上欲以渾瑊代李楚琳，陸贄曰：「勤王之師在畿内，若急速宣召，從商嶺，商山也。則迂且遥，若由駱谷，又為盗所扼，僅通王命，惟在褒、斜，褒、斜達鳳翔縣為近便，是時楚琳方殺張鎰於鳳翔，故德宗欲伐去之。〔案〕伐李本作代。若有阻隔，則南北將遂迥絶。」上悟，善待楚琳。庚戌，渾瑊帥諸軍出斜谷，拔武功，以吐蕃擊泚將韓旻，大破之。瑊遂屯奉天，與李晟東西相應，以逼長安。五月庚寅，李晟大陳兵，諭以收復京城，引至通化門，耀武而還，賊不敢出。與諸將議所向，晟曰：「賊重兵皆聚苑中，不若自苑北攻之，如此則宫闕不殘，坊市無擾。」乃牒瑊等悉集城下。乙未，晟自東渭橋移軍光泰門。吕圖，光泰門者，京城東門，大明宫東苑之東。賊將張庭芝、李希倩引兵大至，晟皆敗之，李演等乘勝入光泰門，會夜，斂兵還。丁酉，復出兵，屢捷。駱元光敗泚衆於滻，而戊戌屯光泰門外，使李演及王佖直抵苑牆，官軍拔栅而入，賊衆大潰，諸軍分道並入，凡十餘戰至白華門，呼曰：「相公來！」賊皆驚潰。張光晟勸泚出亡，泚與姚令言帥餘衆西走。晟屯含元殿前，舍於右金吾仗，秋毫無犯，遠坊有經宿方知官軍入城者。分兵邀泚。己亥，晟使孟涉屯白華門，可孤屯望仙門，門在丹鳳門次東一門。駱元光屯章敬寺，寺在東城之外。晟以三千人屯安國寺，寺在大明宮東南。以鎮京城。癸卯，晟遣露布入漢中。泚將奔吐蕃，至彭原，韓旻斬之詣涇州降。改梁州為興元府。戊午，駕發漢中。七月，至鳳翔。壬午，至長安。晟謁見上於三橋。

案朱泚之亂，德宗以建中四年十月如奉天，至興元元年二月丁卯如梁州，後改為興元府。二月壬辰次梁州，五月戊戌復京城，六月甲辰朱泚伏誅，七月壬午上至自興元，自出幸至還京，首尾凡十閱月也。方涇原兵之初變也，回自滻水入通化門，即自城東而入也。賊自東來，故上自苑北以出，西度便橋，徑咸陽以達奉天。已而朱泚來攻，奉天危甚，賴李懷光力戰，泚乃退屯長安。已而懷光有異圖，與泚通謀，李晟、渾瑊皆贊上移蹕漢中，自鄠縣入駱谷而西，渾瑊從。暨上已至漢中，瑊乃自褒斜出收鳳翔，屯奉天，與晟相應，以逼長安。晟初至東渭橋，已而上咸陽，又自咸陽下移東渭橋。晟得尚可孤、駱元光軍援，遂自東渭橋西上，由光泰門入兵苑中，賊大潰。七月，上至自興元。

僖宗幸蜀

乾符四年，宛句賊黄巢反。廣明元年十二月，陷潼關，上由咸陽幸鳳翔。巢陷京師，上次興元。中和元年正月，如成都。四月，敕李克用使討黄巢。二年，巢將朱温以同州降，克用以三月、四月連敗巢軍，復京師。巢與秦宗權寇陳州。四年七月，巢伏誅。光啟元年三月，上至自成都。

山

梁山

梁山之在雍州，其見於詩、書者凡兩出。禹貢：「治梁及岐。」此梁即在同州韓城縣西北，韓奕之詩曰「奕奕梁山，維禹甸之」者是也。大王去邠踰梁山，即在奉天縣西，非禹貢之梁矣。韓城之梁，詩語明以歸禹，則自無可辨。而奉天之梁，知為去邠所踰之山者，唐地理可考也。太王去豳，豳即邠州也，奉天在邠南一百三十里，岐山又在奉天之西百餘里，則自郊而南之梁山，自梁山循渭西上以至岐下，與「率西水滸」之言應，故知此山當為周詩之梁，而不為禹貢之梁也。春秋時梁山崩，壅河三日水不流，晉侯以傳問伯宗，此則同州之梁也。山能壅河使之不流，故禹之既載壺口而急來治梁者，此之梁山如或壅河，即冀都水必皆逆行泛溢也。同州自在奉天東北，奉天梁山之距同州治五百里，諸家多混合以言，誤矣。秦皇作梁山宮，它日登之，望見丞相車騎者，是奉天梁山也。唐乾陵在其地，故縣名奉天。

南山一 厚物 垂山

終南山横亘關中南面，西起秦、隴，東徹藍田，凡雍、岐、鄠、鄠、長安、萬年，相去且八百里，而連綿峙據其南者，皆此之一山也。既高且廣，多出物産，故禹貢曰「終南厚物」也。〔案〕厚物本當作惇物，避宋光宗趙惇諱改。其下悉同，不更出校語。厚物也者，即東方朔傳所記，謂「出玉石、金銀、銅鐵、豫章、檀柘，而百王可以取給，〔案〕百王當作百工。萬民可以仰足」者也。〔案〕仰足李本作卬足，是。秦詩曰：「終南何有？有條有梅。」條、梅其物也，兼有此者，明其富也，舉一以見餘也。毛氏曰：「終南，周之名山中南也。」中南即終南也。關中記曰：「中南，言居天之中，都之南也。」鄭箋曰：「問何有者，意以為名山高大，宜有茂木也。」是自堯、禹以至周、漢，皆言終南之饒物産也，不當别有一山自名厚物也。武功縣有太一山、垂山，漢志引古文而曰：「太壹者，終南也。垂山者，厚物也。」信如此言，則是厚物、終南各為一山也，不知其何所本而云然也。

南山二 中南 太一 太白

太一之名，先秦無之，至漢武帝始用方士言，尊太一以配天帝，而世人始知天神嘗有太一也。則凡言太一者，皆當在武帝之後也。水經之於武功終南，則引杜預為據而曰：「此山一名中南，中南即終南，已見上文。亦名太白也。」其曰終南，則無間乎武功之與萬年，此山皆在矣。至云太白，則實隸武功，東距萬年蓋不啻三百里也。為其冬夏積雪，望之皓然，故名以太白也，古圖志無言太白即為太一者也。長安志萬年縣炭谷即有太一祠焉，始可命為太一而非武功之太白矣。則古文謂武功之終南即為太一，是殆誤認武功之終南，而世人莫或正之焉耳。張衡西京賦曰：「終南、太一，隆穹崔崒。」潘岳西征賦曰：「九嵕巀嶭，太一巃嵸，面終南而背雲陽，跨平原而連嶓冢。」故李吉甫曰：「終南、太一非一山。」而五經要義亦以為然也。關中記曰：「終南，南山之總名，太一，山之別號。」此其說是也。若武功亦有太一之祠，則雖別稱太一，亦自無害也，第不可蓋没終南而別出一名耳。

南山三 于闐 南山

記又曰：「終南、太一，左右三十里内名福地。」三秦記曰：「太一在驪山，西去長安二百里，一名地肺山。」則凡指終南以為太一者，當在萬年，不當在武功，此又可審也。而予於此又有見焉，福地、地肺，皆道家言，皇甫謐高士傳則曰：「四皓隱地肺山以待天下之定，秦敗，自匿於終南山也。」此又因炭谷有太一祠，而借四皓以信道家之語也。若夫南山首末，則不止近在關中而已也。西域傳曰：「于闐南山，東出金城，與漢南山屬焉。」則自于闐南山以至長安之南山，數千里相屬未嘗間斷，此其所以俱名南山也。李吉甫在元和間核關中終南山所歷而著諸郡縣，自鄠、郿、武功以至長安、萬年，每縣皆著終南，且曰在縣之某方某方之幾里。則南山之在關中者常相聯接，其不謬矣。而夫南山之行乎金城間者，可以見其果與關中南山相接也，是有迹狀，不可誣也。

南山四 終南

凡壤地相去絶遠，而欲得其高卑之實者，必以水準。水之所背，必其地礙高而不可通流者也。從其不可通流之始而求之，則山勢高隔，從何地而始，雖越數百里以至千萬其里，而皆可定矣。積石河之南，其水之大，能并合枝流而北向以入于河者，為派凡二，洮、湟是也。湟水出金城塞外，而東北至金城允街縣，乃入于河，則是金城以西，至允街之西北，其南面皆有大山焉，礙水正派，而使之自鄯蘭以北入于河也。此其在南礙水之山，豈非南山之在鄯蘭者歟？洮源在益州墊江縣西傾山之背，已而北行過隴山，以至金城之枹罕縣，乃始入河，是自梁、益西北以至正北而達于河水，皆不能向南而行，則凡在南礙水之山，豈非南山之在隴西金城者歟？故西域傳列叙南山首尾，而知于闐南山東出金城者，正用此為準也。若夫自金城而屬乎漢之南山，則其序又有考矣。隴西於關中為西，中有隴坻，其在西一面則能隔洮水使不能東，既足以驗南山南峙之實矣。隴山東面則在關中，關中之地，有渭水焉，自鳥鼠同穴以至長安亘五六百里間，凡其在南之水皆礙南山，而北合乎渭，以入于河，則又足見隴山渭北之南，其山岡脊不斷，而與于闐之南山遠相連接者，又可準水以驗矣。於是會其終始，則于闐南山為南山發迹之始，而關中南山為南山東出之終，其終始皆可據信也。秦詩作於周世，固已指關中南山以為終南矣，所謂「終南何有，有條有梅」者是也。詩與漢史千載相望，而其言具有本末，知非班固臆説也。

秦得百二齊得十二

田肯曰：「秦得百二，齊得十二。」其語簡隱，故諸家之説紛然。師古獨取蘇林，其説曰：「百二者，得百中之二，是二萬人也。秦地險固，二萬人足以當百萬人也。齊得十二，言得二十萬人，則可當百萬人也。」予恐此説未然也。肯謂百二也者，言地據險而人力倍，苟得百矣，則其力可二，是得百人，則其力倍之如二百人也，即無二萬足當百萬之文也。至謂齊得十二，理亦猶是也，言得十人而力可二，是十人可當二十人也，亦無二十萬人可當百萬之文也。肯之本語可復也，曰：「秦形勝之國也，帶河阻山，隔越千里，持戟百萬，秦得百二焉。齊東有琅邪、即墨之饒，南有泰山之固，西有濁河之限，北有勃海之利，地方千里，持戟百萬，隔絶千里之外，齊得十二焉。」詳其意指，則秦得百二者，言據此險阻，得一百人則可敵二百人也。若定其讀，則當以「得百」為一句，而「二焉」自為一句也，是其所從以為百二者也。齊得十二者，猶云得十人則可當二十人也，亦嘗以「得十」為一句，而「二焉」自為一句，則是得十而能二之其義自明也。夫得百而二之以為二百，與得十而二之以為十二，皆言其人半而力可倍，正一理矣。而必更易其語，如此詰屈者，别有理也。秦險之出國境遠矣，自函谷以及潼關近八百里，其右阻河，其左並山，兩面河山夾險，敵來犯關也，常在千里之外，故能得百而二之以為二百，其力可常也。若夫齊亦有險矣，然而地遠力分，若未能踰其所恃之險，則十萬人之力亦可倍之以為二十萬矣，若敵人來犯已在千里之内，則險阻已自不全，故雖得十亦不能遽為二十之用也。故秦中得百而二，常在定險之内，齊之得十而二，則在敵未犯險之前，此其分别險要而剖白言之，不一律也。此正古文之出奇者，不可以易求也。

雍録卷第六

新安程大昌泰之

函潼關要圖

自華至陝凡三關

河南府永寧縣，西至京兆府二百里，三崤山在縣北二十八里。

河南府新安縣，西至府界七十里，漢函谷關在縣東一里，虢州閿鄉桃原在縣東南十里。

陝府靈寶縣，在府西南七十五里，秦函谷關在縣南十里。

華州，在長安東一百八十里，治鄭縣，少華山在縣東南十里。

華陰縣，在華州東六十五里，太華山在縣南八十里。

渭口在縣東北三十五里，潼關在縣東北三十九里。

自華而虢，自虢而陝，自陝而河南，中間千來里地，古嘗立關塞者凡三所，由長安東一百八十里出華州華陰縣外，則唐潼關也。自潼關東二百里至陝州靈寶縣，則秦函谷關也。

自靈寶縣三百餘里至河南府新安縣，則漢函谷關也。諸家皆云八百里，舉成數言之。凡云關者，明有門扉，晨夜啟閉，禁束道路，而於關之間別有古來嘗為扼塞者二，桃林之塞一也，殽山二也。世遠事重複，難以一見遽曉，今衩别其地，〔案〕衩字不見字書，當作枚。貴於可考。

秦函谷關

秦函谷關，在唐陝州靈寶縣南十里。靈寶縣者，漢洪農縣也。路在谷中，深險如函，故以為名。其中劣通行路，東西四十里，絶岸壁立，巖上柏林陰蔭，谷中常不見日。關去長安四百里，日入則閉，雞鳴則開。東自殽山，西至潼津，通名函谷，實為天險。

漢函谷關

漢函谷關，在唐河南府新安縣之東一里，蓋漢世楊僕移秦函谷關而立之於此也。以比秦舊，則移東三百七十八里。楊僕者，宜陽縣人也，漢武帝時數立大功，以其家居宜陽，宜陽者，靈寶縣東，其地即在秦函關之外矣，僕恥其家不在關内，乞移秦關而東之，使關反在外，武帝允焉，僕自以其家僮築立關隘，是為漢世函關。自此關移在河南府新安縣，而秦關之在靈寶者廢矣。縣東有南北塞垣，即僕所築。郭緣生云：「至今為之新關。」〔案〕為之當作謂之。

唐潼關

潼關，在華州華陰縣東北，而太華山之北也。太華在縣南八里。通典曰：「本名衝關，言河自龍門向南而流，衝激華山之東，故以為名。後「因關西一里有潼水，因以名關。」元和志。哥舒翰軍敗，引騎絶河還營，至潼津收散卒，即關西之潼水也。元和志謂因潼水名關者是也。曹大家賦亦曰：「涉黄巷以濟潼。」則潼名古故有之，至唐始於其地立關耳。

桃林 華陽

春秋時晉侯使詹嘉處瑕，守桃林之塞。杜預曰：「桃林塞，潼關是也。」三秦記曰：「塞在長安東四百里。」案元和志，漢關在長安東正三百里，〔案〕漢關李本作潼關，是。若更增百里，即為虢之閿鄉矣，不得云在潼關也。志於閿鄉縣曰：「縣東南十里有桃原焉，古之桃林，周武王放牛之地也。」以此言之，桃原為桃林，雖去長安不啻四百里，而方鄉為順，可云應古矣。而元和志於陝州靈寶縣，則又有所謂桃林塞者焉。蓋元和一書，其於桃林之名，自始至此凡三變其地也，一以為潼關，一以為閿鄉，一以為靈寶，則三者竟孰是也？志於靈寶又該為之説曰:「靈寶縣西至潼皆是桃林塞。」此其為説,雖若泛漫而實有理也。書著武王之事曰:「歸馬于華山之陽,放牛於桃林之野。」蓋桃林者,武王嘗著放牛之迹,後人展轉攀慕,故一名而該地如此其多也。既有此名,後人因而傳疑,不敢改定,故三地同分一名者不云羨溢也。若夫華山之陽則在華州華陰縣南,為甚明矣,其於潼關不甚相遠。然嘗思而求之,塞以阨塞為義,野以平曠為義。函、關之間,凡數百里,其中行路,皆阨束河、山,狀皆數函,故名之為塞。如元和志所著桃原之地,則在閿鄉縣南,正在河、山阨束之内,則安得夷曠之地而名之為野也。孔穎達引杜預語,亦以桃林塞為在關矣,且曰:「華山之旁,尤乏水草,非長養牛馬之地,欲使自生自死,以示戰時牛馬不復服乘耳。」孔之此言,深得事情之衷,則雖桃林無野,理亦長也。

崤

三崤山,又名嶔崟山,春秋時秦將襲鄭,蹇叔哭送其子曰:「晉人禦師必於崤。崤有二陵:其南陵,夏后臯之墓也;北陵,文王之所避風雨也:必死是。」元和志曰:「自東崤至西崤三十五里。東崤長阪數里,峻阜絶澗,車不得方軌。西崤全是石坂十二里,險不異東崤。」此之二崤,皆在秦關之東,漢關之西。

駱谷關

在盩厔縣西南一百二十里，有路可通梁州，漢世名為駱谷道。魏少帝正始二年，曹爽伐蜀，自此道入。甘露三年，蜀將姜維圍長城，由此路出。武德四年，高祖於此立關，通梁州，名駱谷關，西抵興元府即梁州。一百二十里。德宗在奉天將幸梁州，若由褒、斜最為近便，緣李楚琳方殺張鎰于鳳翔，不敢由鳳翔入，故東自駱谷入，而轉西以達梁州也。及還京，即於褒、斜取徑而出，是駱谷路迂也。

大震關

在隴州西，漢武至此遇雷震，因以為名。代宗時吐蕃自此入寇，帝遂倉卒幸陝，以其迫近也。

蕭關

在原州高平縣東南三十里，漢文帝時匈奴入蕭關即此也。神龍三年，於隋它樓縣置蕭關縣，特取古關名之，非漢蕭關地也。

瓦亭關

在原州高平縣南，即隴山北垂。隗囂使牛邯守瓦亭，即此也。

青泥嶺　嶢關　嶢柳城

藍田縣即嶢柳城也，嶢山在前，又名嶢關，亦名藍田關也。杜甫渼陂詩曰「水面月出藍田關」也。水經曰：「嶢柳城，俗謂之青泥城。」

馬嵬

馬嵬故城，在興平縣西北二十三里，雍都西九十里。城本是馬嵬築以避難，馬嵬者，姓名也。有驛，楊妃死于驛，白居易詩曰：「西出都城百里餘。」〔案〕百里餘當作百餘里。

崆峒山

崆峒山，在原州高平縣，即笄頭山，涇水之所發源也。肅宗自靈武起兵，而杜詩曰「常思仙仗過崆峒」者，冀其自靈武西回也，西回即徑此山矣。按元和志，隴山在隴州，州之北即靈州，靈州即靈武也。肅宗以天寶十五載七月即位靈武，改元為至德元年，九月南回，自原州入，即崆峒在回鑾之地矣。世間山名崆峒者多，黄帝訪崆峒問道，漢武帝踰隴登崆峒，今贛州亦有崆峒，皆同名也。

漢唐都城要水圖

漢唐都城要水説

漢長安都城北據龍首山，故子午谷正在南面，遡午則背子矣。子午道從杜陵直絶南山徑漢中。原皆出子午谷。子午谷正在都南，則樊川、御宿川、沉水、交水、潏水也者，〔案〕沉水當作坑水。諸水遂宜徑北以入都城矣，而皆向西以行直至昆明池，正在城西，乃始得折而之北者，其避礙之地可考也。以吕圖求之，少陵原、鳳棲原横據城南，此即水皆礙高不得貫都之由矣。雖龍首山自樊川入渭，亦其礙高之一也。至隋文帝開皇三年開永安渠後，則交水、坑水皆入城入苑，〔案〕坑水當作坑水。始不與漢世流派相應，蓋皆有堰填之類壓而入之，孟子所謂「激而行之，可使在山」者是也。王商傳：「商嘗穿城引豐水入第。」至正觀間，又堰豐、鎬以入昆明，而二水於是乎斷流。括地志。韋堅堰渭為渠以漕，而霸、滻皆為廣運潭之所并奄。若無記載，則豐、鎬、滻、霸存亡尚不可考，况於他哉！

唐都城導水

唐以渠導水入城者三：一曰龍首渠，自城東南導滻至長樂坡，釃爲二渠，其一北流入苑，其一經通化門、興慶宫自皇城入太極宫。二曰永安渠，導交水自大安坊西街入城，北流入苑注渭。三曰清明渠，導水自大安坊東街入城，由皇城入太極宫，及至大明宫則在龍首山上，水不可導矣。大明宫之東有東苑，即在龍首山盡處，地既低下，故東苑中有龍首池，言其資龍首渠水以實池也。

雍地四漆水 沮水在内

雍境漆、沮，其在後世地書，名凡四出，而寔三派：雍州富平縣石川河，一也；邠州新平縣漆水，二也；鳳翔府普潤縣漆水，三也；鄭白渠亦名沮、漆，四也。四水之中，惟石川河當爲禹貢沮、漆，而緜詩之謂「自土沮、漆」者，蓋在岐不在邠也。若鄭白亦分沮、漆之名，則誤矣。今分三派而枚辨之，貴其不雜也。

周漆沮

漢漆縣漆水　唐普潤縣漆水　新平縣漆水

緜之詩序曰：「文王之興，本由太王也。」言太王遷岐，肇基王迹，而文王有所承藉也。其詩曰：「民之初生，自土沮、漆。」言有沮有漆之地，太王荒之，而民命由之以生也。生如元鳥之能生商，〔案〕元鳥本當作玄鳥，避宋始祖趙玄朗諱改。后稷之能生民也。凡緜詩所指，截自古公即太王。遷岐為始，曾無一語上及公劉在豳之初，古邠、豳同，詩及孟子可考。唐明皇嫌豳字與幽州字相亂，直改豳為邠也。其文曰：「緜緜瓜瓞，民之初生，自土沮、漆，古公亶父，陶復陶穴。」言民命所生，自遷岐之後，有瓜瓞之緜緜不絶也。下文亟及太王亶父，即不與公劉居豳之事一語相關也。而惟鄭氏自出其意，而曰「公劉遷豳，居沮、漆之地，其世緜緜」也。學者不從詩之本文歸沮、漆於亶父，而從鄭氏之臆歸漆、沮於公劉。所謂「寧道孔聖誤，不言伏、鄭非」者，非此類也耶？自鄭注既行之後，凡談詩而及漆、沮者，悉皆主本其説，其實全無古據也。

按水經，渭水自雍縣東下至岐山，與岐水、漆渠水會，漢志：「扶風漆縣有漆水。」元和志曰：「普潤縣城西有漆水。」唐普潤縣即漢漆縣也。志於邠州又曰：「漆水在麟游縣。」麟游縣，漢杜陽縣也。水經亦曰：「漆渠水在杜陽縣。」按漆、杜地相並，皆在鳳翔府北，東水必通行。見者有疑，故詳載使有考。三水大小相敵，故渭力不能獨擅其名，是以猶得名漆也。此三水者，東及周原之北，岐山之南，是為太王之邑。故詩曰

「居岐之陽，在渭之將」，而孟子亦曰「邑乎岐山之下而居焉」者也。然則太王作邑之地，山固名岐矣，而其山南有水焉，亦自名岐也。水經岐、漆、渭三水同流而其一名，則岐水之陽，亦漆水之陽也。故周頌曰：「猗歟漆、沮，潛有多魚。」毛氏釋之曰：「漆、沮，岐周之二水。」其説確也。詩兼漆、沮言之，而諸書止言漆不言沮，不敢强通。且夫潛之致頌，為夫岐周之沮、漆冬而有魚可薦，春而有鮪可獻也。是為土地所生自能備物，故以薦先也。則毛氏指漆、沮以為岐周之水者，兼有物産可證也。若夫邠地之在岐北尚二百里，籍使有水亦名漆、沮，而漆、沮有魚可以致之宗廟，然地之相去如此其遠，其在冬薦猶或可用，若當春獻則鱻皆為薨，〔案〕薨李本作薧，是。豈可用也。以此理而測其遠近，則知獻魚之漆、沮，當屬岐周而不屬邠土，亦已明矣。世人之於鄭説，既不能本經以正其誤，乃反屈經以信其語，而元和志又從而傅會之，則其説愈實也。若李吉甫之誤，〔案〕李吉甫李本作李吉父。則能證其所以矣。漢志扶風漆縣嘗有漆水，此之漆縣其疆境甚闊，唐鳳翔之普潤，暨邠州之新平，其地本皆屬漆。今從唐郡縣以求古地，則公劉之邠自在邠州新平，而太王之岐則在鳳翔之普潤，故岐之與邠，固皆同隸漢世漆縣矣。然而漢志漆水特嘗一出，無兩漆也。元和志務合鄭説，故遂分漢志一漆而著諸兩縣，故普潤、新平皆有漆水，仍於新平明立之説曰：「漆水在縣西九里，西流注乎涇。今鳳翔麟游即普潤上流。亦有漆水，與此異也。」據志此言，則不獨一漆分為兩漆，而意指所向，正謂郃州漆水應經，而岐下漆水不與縣應也。夫漢志但著一漆，而吉父直以郃漆為漆，不以岐漆為漆，則酷信鄭元之過也。〔案〕鄭元本當作鄭玄，避宋始祖趙玄朗諱改。予詳考經、志而知其誤之所起，〔案〕考經、志而四字，李本脱去，蓋後印時版本爛壞而未修補所致。乃敢明言也。

禹貢漆沮 石川河

禹貢漆、沮，惟富平石川河正當其地，它皆非也。何以知其然也？曰禹貢叙載渭水首末，有叙可考也。曰：「導渭自鳥鼠同穴，東會于灃，又東會于涇，又東過漆、沮入于河。」則自渭原以至入河，所謂沮、漆者僅嘗一見，而其水行之序又在灃、涇之下，則自灃、涇而上凡後世名為沮、漆者，皆非禹世之所嘗名也。今以漢、唐郡言之，〔案〕郡當作郡縣。豐之入渭在盩厔縣境，縣蓋咸陽西南也。涇之入渭在陽陵，則又在咸陽之東矣。漆、沮入渭，即石川河。在漢馮翊之懷德縣即唐同州之朝邑縣也，朝邑又在陽陵東北三四百里也。故予謂石川之沮、漆可應禹貢者，為其派序入渭在豐、涇之東，全與經應也。禹貢於雍嘗曰：「漆、沮既從，灃水攸同。」則漆、沮之文嘗在灃派之上，其水疑於在岐矣，然可以知其不然者，有類可驗也。經曰：「弱水既西。涇屬渭汭。」若以既之一語，謂為記已然而啟未然，則弱水未西，其能越秦、隴而亂涇、渭乎？故「漆、沮既從」者，下流既已附從，則上流不壅，灃水亦遂東行也。謂禹貢無兩漆、沮，予言有本也。

洛沮漆

禹貢止有漆、沮，秦、漢以後始有洛水，諸家皆言洛即漆、沮，今先分派以言，貴於有辨所謂洛水者。地理志曰：「源出北歸縣戎夷中。」今按其水自入塞後逕鄜、坊、同之三州，乃始入渭。孔安國輩謂「自馮翊懷德縣入渭」者是也。漢懷德，唐同州衙縣也。亦朝邑縣。所謂沮水者，長安志曰「自邠州東北來，新平縣在邠州，邠有涇水向陽陵入渭者，在邠之南面。而此沮水之名石川河者，亦在邠州境内，乃在東北面，不與涇水同派也。至華原縣南流，乃合漆水入富平縣石川河。」石川河者，沮水正派也。所謂漆水者，長安志曰：「漆水自華原縣東北同官縣界來，南流入富平縣石川河。」是為合漆之地也。此三水分合之詳也。若槩三水而命其方，則漆在沮東，至華原而西，乃始合沮。沮在漆西，既已受漆，則遂南東而合乎洛。洛又在漆、沮之東，至同州白水縣與漆、沮合，而相與南流，以入于渭。三水雖分三名，及其至白水縣，則遂混為一流。故自孔安國、班固以後論著此水者，皆指懷德入渭之水以為洛水，而曰洛即漆、沮者，言其本同也。洛之剏名，不知起自何世？秦用鄭國鑿谷口渠，史記已曰「鑿涇注洛」矣。漢武帝用嚴熊言，穿龍首渠自徵同州澄城縣。以達商顔，亦云引洛，則洛名久出秦前矣。若其立洛名而〔案〕自禹貢止有漆沮至此，余嘉錫藏李本脱去，蓋後印時版片爛壞一葉而未補刻所致。另周惠文藏李本此葉尚不脱，但版已斷裂。蓋掩漆、沮，則難究其始也。

總説

漆、沮在雍，名凡四出，予雖派别言之，今更為之圖，以奠位置，而其説易明矣。緜詩、潛頌之謂漆、沮者，普潤之漆水也，太王、文王之都在岐，而普潤者岐地故也。禹貢之謂漆、沮者，即富平縣石川河，至白水縣入洛，而與洛水俱自朝邑入渭者是也，以其派在涇下故也。若本邠州雖有漆水，而其地在邠，邠乃公劉所都，不與緜詩岐地相應，又無派流與岐水相入，則决知其不為緜詩之沮、漆矣。鄭、白二渠自雲陽谷口東入石川河，石川河既為漆、沮，故世亦誤認二渠以為沮、漆者也。而其可得而言者，禹時未有鄭、白二渠，涇派之與石川河自隔仲、嵕二山，安得而有沮、漆之名也。予故得以果决言之無疑也。

禹周秦漢五沮漆圖

三渭橋

秦、漢、唐架渭者凡三橋：在咸陽西十里者名便橋，漢武帝造。在咸陽東南二十二里者為中渭橋，秦始皇造。在萬年縣東四十里者為東渭橋，東渭橋也者，不知始於何世矣。自此三橋而外，以船渡者十一處：萬年，〔案〕萬年當作萬年一。渭橋渡。長安三，中橋、嘉陵、良留。櫟陽七。田五、田家、周夏、聖力、萬安、耿、孟渡。〔案〕田五似當作田王。六典載橋之用木為柱者凡三出，而便橋、中橋、東橋柱皆用木也。不知古來三橋之外，別無跨渭之橋也耶？抑其專舉雍地而他不預也。漢都城北横門外別有横橋者，予初以為跨渭之數。已而詳考，則黄圖嘗曰：「長安城下有池，周繞廣三丈，深二丈，石橋各六丈，與街等。」則此之横橋，乃其跨池為橋者也。池即城壕，不跨渭也，不在三橋之數也。予惟中橋亦名横橋，慮其淆混本制，故具言之。

便橋 通茂陵

武帝自作茂陵，在渭北興平縣犬丘。西南十里。帝紀曰：「建元三年，初作便門橋。」蘇林曰：「去長安四十里。」服虔曰：「在長安西北茂陵東。」蓋秦世已有中橋，亦自可趨興平，而迂回難達，故於城之西面，南來第一門外，對門創橋，以便西往，故此門一名便門，而此橋遂名便橋，亦曰便門橋也。便亦作平，古平、便字通，師古曰：「當讀如本字。」蓋以徑便為義，其理長也。元帝欲御樓船，用薛廣德諫而舍船從橋者，正此地也。顔師古曰：「便門，長安城南西頭第一門。」呂丞相長安圖則謂：「南面西頭第一門，亦名便門也。」顔、呂二説蓋同也。至水經則曰：「西出南頭第一門名章門，又名便門。」則與顔、呂異矣。今去古遠，二説似難意定，然有地望，事情可以推求，則水經謂為西頭南來第一門者是也。蓋茂陵在長安西北，而便門在長安西面，則於趨陵得以云便也。元和志曰：「便門在長安西門，便門與橋相對，故號便橋。」則其理尤明也。唐太宗即位之初，頡利入寇，進至渭水便橋之北，太宗出元武門，苑北門，可以西趨便橋。以萬騎徑詣渭水上，隔水與頡利語，即日還宮，乙酉幸城西，與頡利盟于便橋之上，太宗語蕭瑀曰：「當請和時，可汗獨在水西。」則橋在城西不在城南，益可驗矣。予故曰：橋與長安西面章門相對者是也。若夫呂氏謂為南面之門者，或因南門亦名便門而誤，以南便門為西便門焉耳。其事為所著，則水經之説長也。

中渭橋

秦宮殿多在咸陽，咸陽渭北也。至其阿房、長樂宮則在渭南，南北正隔渭水。故長樂宮北有橋跨渭，而長安、咸陽始通，是以亦名便橋也。三輔黄圖曰：「渭水貫都，以象天漢，横橋南度，以法牽牛。」蓋指此之中橋而為若言也。橋之廣至及六丈，其柱之多至於七百五十，約其地望，即唐太極宮之西而太倉之北也。長安志。此橋舊止單名渭橋，水經叙渭曰：「水上有梁謂之橋」者是也。後世加中以冠橋上者，為長安之西别有便門橋，萬年縣之東更有東渭橋，故不得不以中别也。然漢張釋之傳曰：「文帝出中渭橋。」則似武帝之前已嘗冠中名於此橋矣，而不然也。張晏曰：「在渭橋中路。」其説是也，言文帝行半渭橋而驚馬之人始出也。此時未有東、西兩橋，不應命此為中也。水經又名此橋為便門，亦取其通渭南北往來皆便也，非漢城西門之橋也。

東渭橋　在萬年縣北東

東渭橋，在萬年縣北五十里霸水合渭之地。奉天之亂，劉德信入援，以東渭橋有轉輸積粟，進屯此橋。通鑑。李西平於此屯兵，亦以軍人就饟之故也。其後自咸陽還軍，仍駐東橋，竟從此地以入長安也。德宗有碑在橋側，旌褒西平剋復之功。

蘭池宫

元和志：「咸陽縣東二十五里蘭池陂，即秦之蘭池也。始皇引水為池，東西二百里，南北二十里，築為蓬萊山，刻石為鯨魚，長二百丈。始皇微行，遇盜于此。」漢於池北立縣，號池陽縣。諸家但言池陽在池水之北，而不云池水之為何池，故莫究其宿也。予按咸陽之地，别無池水能大於此，故漢之池陽，即秦蘭池之陽，而秦之蘭池宫，亦並此池建宫也。漢世亦有蘭池宫，長安志。别在周氏陂，陂在咸陽縣東南三十里，宫在陂南。漢匈奴傳：「宣帝朝單于，自甘泉宿池陽宫。」則恐所宿者秦宫耳，為其宫在池北，而漢宫乃在陂南也。詳見單于朝漢下。武帝之鑿昆明池，刻石為鯨魚及牽牛、織女，正以秦之蘭池為則也。池東西垠際至三百里之廣，而水經所引漢志，乃云不知其處，而今之漢志又無此語，不知水經據何而云也。唐高祖時秦王出豳州禦突厥，高祖餞之蘭池，則或為周氏陂南之宫也。

皇子陂

在萬年縣西南二十五里，周七里。長安志曰：「秦葬皇子，起冢於陂之北原，故曰皇子陂，隋文帝改為永安陵。」〔案〕永安陵當作永安陂。杜甫詩曰：「天寒皇子陂。」或書皇為黄，誤也。

樊川

在長安南杜縣之樊鄉也。高帝以樊噲灌廢丘有功，所謂水章邯也。封邑之于此，故曰樊川，即後寬川也，又名御宿川，在萬年縣南三十五里。杜佑別墅在焉，故裔孫牧目其文為樊川集也。

昆明池 定昆池

昆明池，漢武帝所鑿，在長安西南，周回四十里。臣瓚及西京雜記、三輔黄圖所記皆同。武帝欲通西域，為昆明之所閉隔，聞昆明有滇池方三百里，鑿此池習水戰期以伐之。中有樓船，上建樓櫓，又有戈船，上施戈矛，四角悉垂幡旄〔案〕旄當作旄。旍葆、麾蓋，照燭涯涘。其始鑿也，固以習戰，久之乃為遊玩之地耳。三輔故事曰：「池周三百二十頃。」長安志曰：「今為民田。」今者，唐世作圖經時也。夫既可為民田，則元非有水之地矣，然則漢時於何取水也？長安志引水經曰：「交水西至石堨，武帝穿昆明池所造，有石闥堰在縣西南三十二里。」則昆明之周三百餘頃者，用此堰之水也。交水，即福水也，經曰上承樊川、御宿諸水。昆明基高，故其下流尚可壅激以為都城之用，於是並城疏别三派，城内外皆賴之。詳見三派下。此地至漢仍在，括地志曰：「豐、鎬二水皆已堰入昆明池，無復流派。」括地志作於太宗之世，則唐初仍自壅堰不廢，至文宗而猶嘗加濬也。然則圖經之作當在文宗後，故水竭而為田也。中宗時安樂公主欲請昆明為己有，帝以民資蒲魚，不可其請，公主遂别穿定昆池以勝之。定昆池在長安縣西南十五里。

滻水

滻，原出藍田縣境之西暨，稍北行至白鹿原西，即趨大興城。隋世自城外馬頭堰壅之向長樂坡即滻坂也，在滻之西。入城，西至萬年、長安兩縣，凡邑里、宫禁、苑囿，多以此水為用。夫長樂坡基高矣，四面山巒皆見。杜甫曰「公子華筵地勢高，秦川對酒平如掌」者是也。而長水尚可以堰入城者，原高於城故也。長樂坡本名滻坂，〔案〕滻坡當作滻坂。隋文帝以坂、反音同，取其北對長樂，而立為坡名以更之。世人誤呼為龍首渠者，即此渠也。詳在龍首渠下。直至霸陵，乃始合霸，又至新豐縣，乃始同霸入渭，其力比霸差小，而與之對行，故語霸者，多舉滻而與之俱也。

長水 長門亭　長門宮

漢城東二十里為霸陵，霸陵之西則滻水，滻水至霸則已合霸，霸又北流。別有長水者，水經所載，凡有三派，其末皆自白鹿原北入霸，後因姚萇據有長安，人為萇諱，故改此水以為荆溪水，因此失其本名，雖以顔師古之博，而亦不能是正。故其注釋長水校尉，則曰：「長水，胡名也。」長安志曰：「又以源長為義也。」皆因舊誤不能覺也。按史記封禪書曰：「霸、滻、長水、灃、澇、涇、源，〔案〕源李本作渭，是。皆非大川，以近咸陽，盡得比山川祠。」然則長之為名，與涇、渭配對，則是元有其名，非因胡騎及源長立義也。郊祀志曰：「文帝出長門亭，若見五人於道，遂立五帝壇。」如淳曰：「長門，亭名也。」亭以門為名，而非城門之門也。或者古來嘗有扼塞在此，其門道尚在，如鴻門之門，其斯以為門矣。見鴻門下。而夫門之以長為名也，其必取之長水也，以其地近故也。文帝顧成廟在城外無宿館，竇太主獻長門園，武帝以為長門宮。如淳曰：「園在長安城東。」陳皇后以妬廢處此宮，司馬相如所為作賦者是也。是皆竇主園内之宮，又皆並長門亭而立為此名也。水之因姚萇而改名荆溪也，韋述兩京記實嘗言之矣。宋次道長安志皆本圖經，既不知長水别為一水，乃曰：「按長安城門無名長門者。」此乃誤認門名而求之城門也。史記之紀文帝曰：「帝出長安門見五人於道。」則雖司馬遷亦誤認長門亭而為長安城門矣。〔案〕而為李本作何為，誤。故圖經誤並城門以求，而漢都元無長安門也。宋次道則知之矣，其後自出其説，迺曰：「荆溪本名長水，後避姚萇諱，改名荆溪。」則韋述所著，家既知之矣，而兩存不立明辨，故見者難遽明也。

宜春苑 與曲江通

宜春之名，漢史凡三出，其實止為兩地。有曰宜春苑者，地屬下杜，有曰宜春宮者，即下杜苑中宮也，皆秦創也。有曰宜春觀者，則在鄠縣，漢武帝之所造也。雖三其名，而實止兩地也。東方朔傳曰：「武帝東游宜春。」師古曰：「宜春宮也，在長安城東南。」上林賦曰：「息宜春。」師古曰：「宮名，在杜縣東，即唐曲江也。」揚雄傳：「武帝東游宜春。」師古曰：「宜春近下杜也。」史記秦紀曰：「子嬰葬二世杜南宜春苑。」司馬相如從武帝至長楊獵，在盩厔。還過宜春，奏賦以哀二世，其賦曰：「臨曲江之隑州，望南山之參差。」師古曰：「曲岸之洲，曲江也。」故賦末云「弔二世持身之不謹兮」，「墓蕪穢而不修」也。參數者言之，則二世之所葬，相如之所賦，漢之曲洲，唐之曲江，皆此下杜之宜春也。下杜即杜縣，曲江、宜春去杜縣近，去下杜遠，此凡及曲江、宜春宮皆云下杜，當是地屬下杜，不屬杜陵耶？其苑若宮皆秦創，而漢、唐因之也。至於宜春觀者，則在長安之西，鄠縣潏、渼二水之旁，上林故地也。水經曰：「潏水逕漢宜春觀，合溠陂入渭。」師古曰：「觀在鄠縣。」十道志曰：「漢武帝所造也。」又合此數語者而求之，則宜春之觀在漢城之西秦上林苑中，而下杜之宜春自在漢城東南，其別甚明也。説者誤以下杜之宮為鄠縣之觀，則失之矣。故師古於東方朔傳明辨之曰：「在鄠縣者自是宜春觀耳，在長安城西，豈得言東游也。」其説極為允篤也。貢禹傳：元帝用禹言，罷宜春下苑，以假貧民。」此則下杜之苑矣。故揚雄傳曰「雖頗割其三垂，以贍貧民」者，即指元帝所罷之苑也。既曰下苑，則必别有上苑矣，頗割三垂，則彼之一垂尚包苑中也耶？

唐曲江

唐曲江本秦隑州，前已著説。至漢為宣帝樂遊廟，亦名樂遊苑，亦名樂遊原，基地最高，四望寬敞。兩京新記。隋營京城，宇文愷以其地在京城東南隅，地高不便，故闕此地不為居人坊巷，而鑿之為池，以厭勝之。又會黄渠水自城外南來，可以穿城而入，故隋世遂從城外包之入城為芙蓉池，且為芙蓉園也。長安志、吕圖同。劉餗小説曰：「園本古曲江，文帝惡其名曲，改名芙蓉，為其水盛而芙蓉富也。」韓愈詩曰：「曲江千頃荷花净，平鋪紅蕖蓋明鏡。」長安中太平公主於原上置亭遊賞，後賜寧、申、岐、薛王。正月晦日，三月三日，九月九日，京城士女咸即此祓禊，帟幕雲布，車馬填塞，詞人樂飲歌詩。兩京新記。康駢劇談録曰：「曲江池，本秦時隑州，唐開元中疏鑿為勝境，南即紫雲樓、芙蓉苑，西即杏園、慈恩寺，已上四地，本皆曲江地，詳在宜春苑下。花卉環周，煙水明媚。都人遊賞，盛于中和、上巳節，即錫宴臣僚，會于山亭，賜太常教坊樂，池備綵舟，唯宰相、三使、北省官、翰林學士登焉，傾動皇州，以為盛觀。」長安志曰：「文宗太和九年，發左右神策軍各一千五百人淘曲江，修紫雲樓、綵霞亭。仍勑諸司，如有力欲創置亭館者，宜給與閑地，任其營造。先是鄭注言秦中有災，宜以土工厭之，加濬昆明、曲江二池，帝又曾讀杜甫詩曰：〔案〕曰李本作云。『江頭宮殿鎖千門。』遂思復昇平事而加修粉焉。」予按此地在都城中固為空隙，便於遊觀，然亦緣黃渠可引，故遊觀者樂之也。於是紫雲樓在其南，香園、慈恩寺在其西，〔案〕香園李本作杏園，是。皆以此池之故也。漢武帝時池周回六里餘，黃圖。唐周七里，占地三十頃，長安志。又加展拓矣。地在城東南昇道坊龍花寺之南。

龍首渠

長安志於萬年縣既著龍首渠，曰「一名滻水渠」矣，因引漢書，曰：「穿渠得龍首，故名龍首渠。唐引滻水由都城東入長安界。」予按志此語凡渠勢曲折，固皆得之，而謂滻渠名龍首渠者，誤也。龍首渠者，漢武帝所穿，在同州商顔山下，因穿地得龍骨，乃立名以識，而曰龍首渠也。雍州居渭南，同州居渭北，無由可合為一，而滻之一水，史、漢皆嘗志之，但云有渠，不云嘗得龍骨也。則龍首名渠，果何自也？兩京道里記曰：「龍首渠，開皇三年開鑿，引滻北流入苑，在長樂坡上，堰近龍首，即大明宮所據龍首原也，故以名之。」此其説是也。六典，隋大興城西據龍首原，宇文愷營都之初，謂横坡六條，可象乾爻者，正龍首山之支脈也。詳在龍首山下。若夫此渠分滻為堰，則在萬年縣龍首鄉馬頭堰，而龍首鄉者，在縣東十五里，自此引滻從長樂坡入，而分為兩枝，西北以注入于苑也。見長安志。其渠之分滻入城，行朱雀街東永嘉坊，著之甚詳。大明宮東苑有龍首殿，皆受此水而承此名也。故予得以主兩京道里所記也。

海池

太極宮有四海池，分東、西、南、北，皆以海名，夸其大也。太宗六月四日舉事苑中，高祖方游海池不知也，則宮之與苑，亦已遠矣。

渼陂

在鄠縣西五里，源出終南山，有五味陂，陂魚甚美，因加水而以為名。其周一十四里，北流入澇水，即杜甫所賦渼陂也。其曰「水面月出藍田關」者，嶢關在其東南也。

凝碧池

在苑中。祿山亂，逆徒張樂燕于此，樂工雷海清不勝憤，擲樂器慟哭。王維陷賊，被拘僧寺，聞之為詩曰：「萬户傷心生野烟，百官何日再朝天，秋槐葉落深宮裏，凝碧池頭奏管絃。」

雍録卷第七

新安程大昌泰之

郡縣

新豐 昭應　臨潼

驪山在周為驪戎國，即藍田山也。晉獻公伐戎，得驪姬。入秦為驪邑。至漢為新豐。豐者，高帝所生之邑也。太上皇思豐欲東歸，高帝放寫豐邑，剏為此縣以樂之。其枌榆里社，街衢棟宇，一如其舊，仍徙豐人以實之，不論男女老幼，既至各知屋室所奠，雖鷄犬混放，亦識其家焉。為其自故豐而徙此，故名新豐也。唐為慶山，又為昭應，本朝為臨潼。唐新豐縣在府東五十里，凡自長安東出而趨潼關，路必由此。故項羽東入，其軍即駐鴻門也。鴻門在縣東十九里，而漢新豐城在縣東十八里也。漢文帝指新豐示真夫人而曰：〔案〕真夫人本當作慎夫人，避宋孝宗趙眘嫌名改。其後悉同，不更出校語。「此走邯鄲路也。」言東出而向邯鄲，此其趨東之始也。

蓮勺

宣帝紀：「帝數上下諸陵，常困於蓮勺。」如淳曰：「為人所困辱也。蓮勺縣有鹽池，縱廣十餘里，其鄉人名為鹵中蓮勺。」音輦灼。師古曰：「如說是也。鹵者，鹹地也，今在櫟陽縣東，其鄉人謂為鹵鹽池也。」按此所言，則漢蓮勺縣者，唐之下邽縣也。元和志曰：「下邽東二十三里有蓮勺故城。張禹本河內人，徙家蓮勺。」長安志曰：「當在下邽，不當在蒲城也。」

地名

豳

邠州三水縣有古豳城，不窋之孫公劉自慶州南入而邑于此。篤公劉之詩曰：「于豳斯館。」又曰：「豳居允荒。」是皆公劉𥎞邑之文也。史記謂「公劉子慶節立國于豳」，此誤也。遷紀公劉度渭取財，以建其邑，即本詩之涉渭而取厲鍛者矣。則豳之荒始已屬公劉之世，〔案〕荒始當作始荒。何待其子慶節乃始建立也耶？元和志既指邠州為公劉所居，又指寧州為公劉之邑，則是本祖史記而不嘗參省詩語也。郊州北境即寧之南境，本同一州，固可通言。若質以唐制，則邠邑在邠州新平縣，非慶州也。邠在隋為豳州，至開元例改古文，以豳、邠字同，詔古豳字直書為邠，即漢扶風之漆縣也。

洽陽 莘

詩大明曰：「文王初載，天作之合，在洽之陽，在渭之涘。」「文定厥祥，親迎于渭，造舟為梁，不顯其光。」又曰：「纘女于莘，〔案〕于莘當作維莘。長子維行。」漢志郃陽，應劭曰：「在郃水之陽。」師古曰：「郃，音合，即大雅『在洽之陽』也。」元和志曰：『同州夏陽縣南有莘城，即古莘國，文王妃太姒即此國之女也。』郃陽，亦同州屬縣也，縣在郃水之陽，郃水則水經之謂瀵水者也。別為一派，東流注河，不入于渭。

畢陌

孟子曰：「文王生於岐周，卒於畢郢。」岐周既為一地，則畢郢之名設嘗兩出，亦當同在一地矣。書曰：「周公薨，成王葬于畢。」則單言葬畢，不云畢郢也。畢之為地，或云在渭之北，或云在渭之南。其主渭北者，則漢劉向言文、武、周公葬于畢，而師古釋之曰：「在長安西北四十里也。」長安西北四十里，即咸陽矣，故元和志曰：「咸陽縣治畢原」也。此皆以畢為在渭北者矣。至其命為渭南者，皇覽曰：「文、武、周公冢皆在京兆長安鎬聚東杜中。」又曰：「秦武王冢在安陵縣西北畢陌中，大冢是也。人以為周文王冢者非也，周文冢在杜中。」按杜中即杜縣之中也，杜縣在鎬之東，於唐長安縣為東南二十里。此説而果不謬，則畢又在渭南也。予於是取此數説者而參求之。長安有畢陌，咸陽又有畢原，則原之為地，亘渭南北有之，故古記於畢皆著文、武葬地者，因畢名兩出而亦兩傳也，此其誤之所起也。若以人情言之，文都豐，武都鎬，豐、鎬與杜相屬，則皇覽謂文王葬于渭南者，其理順也。文王既葬渭南，則周公葬畢必附文墓矣。劉向傳臣瓚引汲郡古文為據曰：「畢西於豐三十里。」則地為渭南甚明。安陵有大冢，皇覽明指其為秦文王墓，安陵在咸陽。則渭北之文冢其不為周文而為秦文，亦可據矣。又唐令狐亘疏曰：「周武葬於畢陌，無丘隴之處。」則武王所葬確在畢陌，又可據矣。若夫郢之一地，尤難究的。安陵有程地者，伯休父於此得姓焉。或以孟子之畢郢為安陵之畢程，故人多信之，然其理不然也。河南亦有上程聚，蓋伯休父族世之在安陵者，隨平王遷洛而聚居此地也。則程自為程，元不為郢，安得謂畢為程耶？設使程可名郢，郢在渭北，不與渭南鎬聚相屬，自無由兼程畢郢也。〔案〕兼程李本作兼稱，是。至於畢原也者，語出左氏，曰：「畢、原、酆、郇，文之昭也。」是文王四子，分封四國而為四侯者也。畢之與原，既非一國，則畢原之語，必因其地有原名畢，故名之以為畢原，而夫原、畢兩國，未必同在此地也。通元和一志，皆李吉甫為之，而周公之墓亦遂兩出，一云在萬年縣西南二十八里，一云在咸陽縣北十三里，則是自相殊異，可以見其不的矣。予故知其展轉生誤，皆起於畢名之兩出也。

焦穫

六月之詩曰：「玁狁匪茹，整居焦穫，侵鎬及方，至于涇陽。」孔疏曰：「涇陽，涇水之北也。」長安志曰：「焦穫澤在涇陽縣北，亦名瓠，同讀也。爾雅十藪，周有焦穫，郭璞曰：『今扶風縣瓠口也。』鄭國鑿涇水，自仲山西邸瓠口是也。」涇陽，即池陽也。池陽南至豐、鎬僅六七十里，而玁狁居焉，安整無畏，則其侵入已深，而驕肆已甚矣，且又旁侵鎬、方，以及涇陽，則雖六月而遂北伐，何可緩也。此之為鎬，別是一地，非鎬京之鎬。詩之下文謂吉父「來歸自鎬」，而曰「我行永久」，此則外次于鎬，而方得來歸之辭也。若元在鎬京，則固不得謂「我行永久」矣。况夫鎬也方也，正為京邑，亦不容玁狁侵及乎此也。

谷口

在雲陽縣西四十里，鄭朴字子真隱于此。揚子曰：「谷口鄭子真，耕于巖石之下，而名震于京師。」即鄭白渠出山之處。

杜郵

在咸陽縣東二十里，即秦之杜郵，白起賜死于此。〔案〕自前焦穫條標題至此，李本脱去，蓋後印時版片爛壞一葉而未補刻所致。

霸上鴻門霸滻圖

霸水雜名

一滋 滻 霸城 芷陽 霸上 霸頭 霸西 霸北 霸陵

霸水出商州上洛縣，西北行至藍田縣境始出谷，谷即麗山之口，亦名藍田山也。本名滋水，秦穆公改名為霸，以章己之伯功。水至萬年縣東二十里，或云二十五里，或云三十里，或云在東南，皆是也。此水源長占方面多也。滻水始自左方來，順水北向而命其方。是為合霸之地也。水經曰：「新豐縣西五十里為霸城，城西十里為霸水，水西二十里為長安城。」其地里甚明也。繫地説事者止云霸水，不復及滻，蓋霸已包滻故也。此地最為長安衝要，凡自西東兩方而入出嶢、潼兩關者，路必由之。其繫事多，故名稱尤雜。予於是率其最而言之。凡霸城、芷陽、霸上、霸頭、霸西、霸北、霸陵縣，相去皆不踰三二十里，地皆在白鹿原上，以其霸水自原而來，故皆繫霸為名也。別而言之，則霸上云者，為其正岸霸水也，故既名上霸，〔案〕上霸當作霸上。亦名霸頭也。漢書顔注云。霸城也者，秦穆公之所嘗城，又名芷陽也。郡國志曰：「秦襄公葬芷陽。」予求之史記秦紀，則惠文公四十一年固嘗即之以葬悼太子矣，明年又葬宣太后矣，而莊、襄二王古皆不記葬處，故疑襄王不葬此地也。以其悼、宣兩墓在焉，而漢世文帝霸陵又適在此，故世人誤取文帝之陵以名秦之霸城也，秦時未名此地為陵也。高帝入關之初，駐軍于此，史書其地止名霸上，不名霸陵，則可驗矣。

霸水雜名二　嶢關　蕢山　軹道　戲水　鴻門　霸門

高帝入關之路，自南陽鄧州。入武關，商州。而叩嶢關，踰蕢山，則藍田縣正為來路。已而自南徂北，至霸上立屯，故其屯在長安正東也。秦王子嬰出降軹道者，在長安城東十三里也。高帝軍至霸上，則遂度霸水西向以趨咸陽，子嬰自咸陽迎降，是從中渭橋渡渭，至長安東北而遇漢軍，故軹道為降漢之地也。子嬰已降，高帝西入咸陽，欲遂止居之，因樊噲諫乃始還軍霸上，而閉關以絶山東入雍之路，項羽在河北聞之，遂以黥布輩東上，破關而入，屯軍于戲，則自正東而來也。戲水在新豐縣東二十五里。羽之既至戲水也，欲攻高帝，項伯夜馳以告，仍又夜馳以去，高帝詰朝自往會羽，則羽時已踰戲而在鴻門矣。鴻門也者，麗山之北十里，而新豐之東十九里也，地有阪，横亘大道，而中鑿隧路以為門徑，故曰鴻門也，其迹尚在，不知何世立此關隘也。郭緣生從劉裕入長安，記其所聞，名述征記，〔案〕名李本作各，誤。緣生或云延生，其語轉耳，實一人也。緣生道聽塗說，不及詳審，乃曰高帝自霸門而至鴻門。夫霸門者，長安城東面三門從東來第一門也，即邵平種瓜之青門也。黄圖。若自霸門至鴻門，則項伯夜往夜來，當為百里而遥，無是理也。此之霸門也者，當為霸城縣門也。霸城縣文帝以後始名霸陵縣，距新豐五十里，新豐東距鴻門十九里，故項伯往返得在一夕之内也。水經詳辨郭生傳聞之誤以此也。

霸水雜名三　白鹿原　臨厠　南陵

霸水行乎白鹿原上，其地高可以遠眺。故高帝資其形勢，而置軍此地，至于文帝，則生既樂之，没亦葬焉，皆一地也。文帝嘗臨厠而有感於北山之石，邯鄲之路者，面北以言也。厠之為義，韋昭曰：「夾二水而臨其岸也。」二水，霸水、長水也，時滻水已入霸久矣。真夫人家邯鄲，邯鄲，河北也，出關而趨河北，必自新豐，故文帝指之以示夫人，而曰：「此奏邯鄲道也。」〔案〕奏李本作秦，皆誤，當作走。北山者，渭北之山，如九嵕之類皆是也。故此所言，皆從霸上北望而言也。文帝又嘗欲馳車下霸西峻阪，因袁盎致諫而止。此之峻阪，即白鹿原之西坡也，文帝意樂其地遂即霸上立陵以為霸陵也，陵後又置縣，是為霸陵縣也。秦之霸城，固亦隸漢之霸陵縣境，而漢陵在縣東南十里，不與霸上、芷陽同為一地也。薄后不祔高陵而葬於文陵東南二十里，亦仍霸陵之名，故又加南以別之，是為南霸陵也。

霸水雜名四　白鹿原

白鹿原者，自南山分枝而下，行乎藍田縣以及漢城之東。長安志曰：「原接南山，西北入萬年界抵滻水，其東西可十五里，南北可二十里也。」長安志曰：「霸水在萬年縣東二十一里，自藍田縣來，合滻北入渭。」又曰：「文帝霸陵、薄太后陵皆在白鹿原上。」予合此數説而求之，則白鹿原者，南山之麓，坡陁為原，自藍田縣東而北入萬年縣者也。滻水源低，故行乎此原西北隅之外。霸水所從來者高，故能中原為道，而行乎原上也。文帝之與薄后二陵，皆在原上。周宣時嘗有白鹿焉，故原以為名也。或曰平王。霸上、霸城之類，皆在北原之上，詳見霸水雜名下。〔案〕北原李本作此原，是。文帝臨厠，則在霸、長兩水之間，故曰臨厠也。此白鹿原川途面勢之詳也。呂后祓霸上為蒼犬所㦸，〔案〕㦸不見字書，當作戟。即東都門外霸水之上矣，黄圖曰「在長安也」。霸水有橋，至王莽時災，莽文之曰：「天以絶滅霸駮之橋。」黄圖謂「跨水為橋」也。長安志曰：「橋隋開皇三年造，至唐遂為南北兩橋。」蓋隋、唐因舊而增益之耳，非刱也。唐人語曰：「詩思在霸橋風雪中。」蓋出都而野，此其始也，故取以言詩也。霸有亭，亭有尉，李廣為亭尉所呵正在此。廣時屏居藍田南山下，此亭即其獵而旋歸之路也。

枳道

枳道，亭名也，即秦王子嬰降沛公處，在漢長安城東十三里東都門外也。長安東面三門，此為北來第一門也。自長安而出東都，必由此門，故西都之地而有門標以東都也。猶汴京東門名曹門，而臨安餘杭門外有湖州市也。漢書曰：「有白蛾飛自東都門，經枳道入内苑。」則東都門名前漢已有之矣。東都云者，其殆仍周也耶？

少陵原

在長安縣南四十里。漢宣帝陵在杜陵縣，許后葬杜陵南園。許后傳。師古曰：「即今謂小陵者也，去杜陵十八里。」它書皆作少陵。杜甫家焉，故自稱杜陵老，亦曰少陵也。

渭城

漢世凡東出函、潼，必自霸陵始，故贈行者於此折柳為别也。李白詞曰「年年柳色，霸陵傷别」也。王維之詩曰：「渭城朝雨浥輕塵，客舍青青柳色新，勸君更盡一杯酒，西出陽關無故人。」蓋授霸陵折柳事而致之渭城也。〔案〕授李本作援，是。霸陵李本作霸橋。渭城者，咸陽縣之東境也，唐世多事西域，故行役之極乎西境者，以出陽關為言也。既渡渭以及渭城，則夫西北向而趣玉門、陽關者，皆由此始。故維詩隨地紀别，而曰渭城、陽關，其實用霸橋折柳故事也。

蝦蟇陵

在萬年縣南六里。韋述西京記云：「本董仲舒墓。」李肇國史補曰：「武帝幸宜春苑，每至此下馬，時謂之下馬陵，歲遠訛為蝦蟇陵也。」唐芙蓉園。

平舒

平舒道中，是山鬼預言祖龍死處，地蓋在華陰縣也。其言遺滈池君者，指上林周武故都言之也。十道志誤認其語，遂著滈池於華陰，則失之矣。凡地名訛誤所起，皆類此也。

上雍

司馬遷與任安書曰：「僕迫季冬，從上上雍。」雍，鳳翔府天興縣也，在漢為右扶風雍縣也。其曰上者，自下升高之辭也。四面高曰雍，又四望不見四方，是之謂雍，故漢事凡及幸雍，悉云上雍也。漢初未有南北郊，惟雍縣有四畤，高帝又立北畤，詳見後五畤。故文帝十五年四月幸雍，始郊見五帝，景、武、宣、元皆循之。又會秦之離宮多在雍、鄠之間，故諸帝亦時時往幸也。成帝建始中罷雍五畤，始祀天地於長安南北郊。則前乎此者，皆以雍畤為郊丘也，則宜人主上雍者數也。

秦漢五畤

西畤

秦襄公始為諸侯，居西，自以為主少昊之神，作西畤祠白帝。畤者，峙土為高也，即壇也。

鄜畤

自襄公以後十四年，文公東獵汧、渭之間，卜居而吉，夢黄虵自天而下屬地，其口止於鄜衍，山坂為衍。作鄜畤。唐鄜州義取諸此，而鄜州之地不在此也。

上畤下畤

文公後二百十五年，靈公於吴陽作上畤以祭黄帝，作下畤以祭炎帝。

北畤

北畤，漢高帝所立。帝入關，問秦故時上帝祀何帝也？對曰：「四帝，有白、青、黄、赤帝之祠。」帝曰：「吾聞天有五帝，今四何也？」已而曰：「吾知之矣，乃待我而具五也。」迺立黑帝祠，名曰北帝。〔案〕北帝當作北畤。

右五畤　秦四　漢一

漢世文、景而下，凡帝紀書幸雍祠五畤者，皆此之五畤也。

别有四畤不在五畤之數

武畤好畤

武畤、好畤，在雍縣旁之吴陽。此二畤者，不知何世所造，參求其地，即靈公所立上畤、下畤，正在吴陽也。靈公既立上、下兩畤，□昔之武畤、好畤不在五畤之數矣。

畦畤

獻公作，祠白帝，言其畤如畦畛也。

密畤

宣公作，在渭南，祭青帝，不在雍也。

泰畤

武紀：「元鼎五年幸雍，祠五畤，遂踰隴，登崆峒而還。十一月辛巳朔旦冬至，立泰畤於甘泉，天子親郊見之。」此之泰畤，即郊祀志所謂一壇三垓，而五帝壇各以其方環居其下者也。亦康衡所謂紫壇八觚，〔案〕康衡本當作匡衡，避宋太祖趙匡胤諱改。其下悉同，不更出校語。五帝壇周環其下者也。案志武帝初立此壇，以祠泰一，其時未名泰畤也。既祠，晝夜皆有神光，遂采用太史談之説，就立此壇，以為泰畤，非更築也。自有此之泰畤以後，雍之五畤，仍前間祀不廢，然而五畤非泰畤之比矣。五畤則每畤各祠一帝，泰峙則立三垓以臨五帝，其大小不侔矣。故自宣、元之世，有事泰畤尤勤也。大駕八十一乘，公卿奉引，惟甘泉泰畤用之。他雖大祠如雍地五時，特用法駕耳。則又可以因禮物大小而別其祠之大小矣。五時各置一〔案〕自前武時好時條武時好時在雍縣旁之吴陽至此，李本脱去，蓋後印時版片爛壞一葉而未補刻所致。尉，百官表。使專其事，每時皆置饔官、宰、祝、令、丞，則敬之之甚矣。凡其為此者，自成帝以前，長安都城内外未有南北郊，則此之為時，即古圓丘也。及成帝用康衡説，謂五時不在帝都，義不應古，遂盡罷廢之，而祀天地於南郊，凡五時、泰時、汾陰后土祠自此皆廢。尋又變議，或復或廢，互相詆斥。然予以為康衡之説是也，曰：「文、武郊於豐，成王郊於雒邑，天隨王者所居而饗之也。孝武居甘泉，故即之以祭，今常幸長安，郊乃反北之大陰，甘泉在長安北。與古不應，宜徙居長安。」此其説合古而協理，可尚也。

細柳棘門霸上圖

説　棘門　細柳　霸上

漢文紀：「六年，匈奴入上郡、雲中，以中大夫令免屯飛狐，在代郡。蘇意屯勾注，在鴻門。張武屯北地，原州蕭關，為北地要處。周亞夫次細柳，劉禮次霸上，徐厲次棘門，以備胡。」蓋飛狐、句注、北地之三將軍，禦胡者也，故軍于三邊。細柳、棘門、霸上三將軍，備胡者也，故環列都城之三面也。細柳，倉名也，在長安之西，渭水之北，亞夫軍于此倉也。黄圖、十道志所載皆同。水經曰：「棘門在渭北，秦闕門也。霸上，即霸水之上也。」以方鄉求之，近城三將軍屯次其於備胡之路，皆有方面可言也。棘門在渭水之北，其路可以東北向而趨鄜、坊，鄜、坊又北，則古雲中地，與之隔河相當也。細柳在咸陽之西，其路可以西北向而趨涇、原，涇、原西北，即靈、夏、朔方矣。若夫霸上也者，東距潼關，北望蒲關，又皆代郡、太原虜可犯雍之路也。其曰次者，初行頓舍之名，若寇來稍迫，則遂進前，不容長屯此地也。故予得以知三將軍之為備外，而霸上、棘門、細柳之為備内也。元和志嘗采諸家説細柳者，而折衷其宿矣，曰：「萬年縣東北三十里有細柳營，相傳云亞夫屯軍處，今按亞夫屯在咸陽西南二十里。」又曰：「細柳原在長安縣西北十三里，非亞夫營也。」又曰：「細柳倉在咸陽縣西南十五里，漢舊倉也，周亞夫次細柳，即此是也。張揖云：『在昆明池南。』恐為疏遠也。」凡志之此語，正與十道志合，的可據矣，而理又可推也。昆明池之有細柳原也，名雖與亞夫營同，然而昆明在長安都城之西，渭水之南，自古以供游燕，未過便橋也。此時方出師備胡，無由次于渭南非要之地也。若夫棘門也者，十道志以為在青綺門外，則明誤矣。青門者，長安城之東門，從南數來第一門也。劉禮既屯霸上，則城之東面已有禮矣，不應徐厲又次東面也。黄圖曰：「棘門在横門外。横，音光。横門者，長安城北門，渭水之南也。」夫既使之備胡，亦不應不度渭水而並城立屯也。故長安志曰：「棘門在咸陽縣東北十八里，本秦之闕門。」其説是也。況班固所記在匈奴傳者，則尤詳矣，曰：「置三將軍，軍長安西細柳、渭北棘門、霸上。」此其立文，蓋三將軍軍長安之西者，其地實為細柳，而其軍于渭北者是為棘門也。細柳、棘門著地而霸上不地者，霸上據要而名顯，不必察察言也。顔師古於此亦自誤讀，遂以「軍長安細柳渭北」為句，故并其地而迷其方也。此一役也，文帝屈己以信亞夫，萬世高之，故予詳求其宿，使有考也。

單于朝渭上圖

單于朝渭上圖説

漢紀曰：「甘露三年正月，行幸甘泉，祠泰畤。匈奴呼韓邪單于稽侯狦來朝，有司道單于先行，就邸于長安。上自甘泉宿池陽宫，登長平坂，詔單于毋謁，蠻夷君長王侯迎者數萬人，夾道陳，上登渭橋，咸稱萬歲。單于就邸，置酒建章宫，饗賜單于。二月罷歸，居于幕南光禄城，郅支單于由此遠遁。」匈奴傳曰：「呼韓邪單于款五原塞，願朝。三年正月至是，朝甘泉宫。賜禮畢，使使者道單于先行，宿長平。上自甘泉宿池陽宫，上登長平，詔單于毋謁，其羣臣及諸蠻夷咸迎於渭橋下，夾道陳，上登渭橋，稱萬歲。」

右以紀、傳參而求之，則宣帝因幸甘泉祠泰畤，而呼韓邪單于以此年正月入五原塞朝甘泉宮。朝已，又受賜畢，有司乃始先道單于，望長安南行。未達長安間，宣帝已自甘泉還都，宿于池陽宮，宿已，迤邐望長安南行，至長平阪此時單于之就邸者尚在道未達長安，故遂於長平阪迎謁見，帝雖不受單于拜見，師古曰：「不拜見也。」而他蠻夷君長皆迎呼萬歲于渭橋之側也。單于自此始往長安就邸，就邸已，乃受燕饗于建章宮而罷還，許之居於幕南，不入幕也。五原塞者，在唐為豐州也。甘泉在長安北，單于自豐州入塞，由靈鹽路先達甘泉，故其朝遂在甘泉也。如淳曰：「長平，阪名也，在池陽南上原之阪，有長平觀，去長安五十里。」師古曰：「涇水之南原，即今所謂眭城坂也。」再以南北方向第而求之，則自甘泉而南為池陽，池陽南原之阪，是為長平阪，阪上有長平觀，在渭橋之北。故宣帝登長平坂而單于迎謁于此，及登渭橋而蠻夷君長皆稱萬歲也。單于此朝雖在甘露年中，而其摧挫震疊實屬武帝之世丸。〔案〕世丸當作世也。渭上此禮，為萬世中國生氣，故詳辨而圖之。〔案〕自者在唐為豐州也至此，余嘉錫藏李本脱去，蓋後印時版片爛壞一葉而未補刻所致，另周惠文藏李本此葉尚不脱。

杜縣地名圖

説

鄠杜　杜伯國　秦杜縣　東原　下杜　杜門　杜陵　少陵　宜春下苑　曲江

芙蓉園　樂游原　秦川　樂游苑　樂游廟

杜縣與五代都城謹相並附，故古事著迹此地者多也。語謂「城南韋、杜，去天尺五」，以其迫近帝都也。今循杜縣地望，從西及東，以次言之，庶其有倫也。縣境西抵鄠縣，東抵藍田，故宣帝微時上下諸陵，尤愛鄠、杜之間，杜即杜縣也，鄠即鄠縣也。境之最西抵鎬，鎬之東為東杜，自鎬觀杜，則杜在鎬東。即彪池上流也，彪池之北即鎬也。皇覽曰：「文王、周公皆葬于畢。」畢，鎬東之杜縣也。鎬池之東於唐為長安，縣南杜在縣南十五里。則周杜伯國也。秦武公滅杜，以杜國為杜縣，縣之東有原名為東原，宣帝以為己陵，故東原之地遂為杜陵縣也。既有杜陵縣，則名稱與杜縣相混，則遂改杜縣為下杜以別之。或言杜縣之東有杜原，而此之下杜在其下方，故以杜名，此全不審也。凡世之名地而分上下者，以水之上游下流而言之也。中國之水，萬折必東，故東地常居西地之下流。今杜縣正在杜陵之西，而反為杜原下流者，南山凡水皆礙東地之高，而皆西向豐、鎬以行，故杜陵遂為杜縣上流，而杜縣反名下杜也。杜縣之北，即漢都城之覆盎門矣，故此門一名杜門，本是杜縣地也。杜門即青門也。在漢都城為東面南來第一門，即邵平種瓜之地也。宣帝既建杜陵，又即縣南四十里葬許后，故其地又號少陵原也。詳見少陵下。凡宜春下苑皆少陵地也，其地亦為曲江，曲江之北，又為樂游原及樂游苑及漢宣帝樂游廟也。廟至唐世基迹尚存，與唐之曲江、芙蓉園、芙蓉池皆相並也。宇文愷為隋營大興城，以京城東南地高不便，故於城之東南存一坊，穿芙蓉池以厭勝之。杜甫樂游園詩曰：「公子華筵地勢高，秦川對酒平如掌。」秦川即樊川也。坐中得見秦川，則可知其高矣。三秦記。凡此皆古事之在杜境，而推方可圖者也。

通化門　滻坂　長樂坡

唐都城外郭東面三門，在最北者為通化門。德宗嘗御此門新迎御書章敬寺額。〔案〕新迎李本作親迎，是。裴度赴蔡州，憲宗送度于此。李晟自東渭橋移壁光泰門，以薄都城。光泰門在通化門北小城之東門。門東七里，有長樂坡，下臨滻水，本名滻阪，隋文帝惡其名音與反同，故改阪為坡。自其北可望漢長樂宮，故名長樂坡也。

輞谷

輞川在藍田縣西南二十里，王維別墅在焉，本宋之問別圃也。

陳濤斜

肅宗至德元年九月，上在彭原，房琯請萬人收兩京，分爲三軍，南軍自宜壽入，中軍自武功入，北軍自奉天入，琯身爲先鋒。十月，次便橋，中軍、北軍先遇賊，戰于陳濤斜，王師敗績。癸卯，琯以南軍戰，又不利。按陳濤斜，在咸陽也，李晟自東渭橋移軍西上，與李懷光會于咸陽陳濤斜者是也。未戰陳濤斜時，琯已先至便橋據要，既敗，又爲中人所促，并與南軍而敗者，人事失之也。

韋曲杜曲薛曲

薛繪宅在勝業坊，兄弟子姪數十人，同居一曲，姻黨清華，冠冕茂盛，人謂之薛曲。呂圖韋曲在明德門外，韋后家在此，蓋皇子陂之西也，所謂「城南韋、杜，去天尺五」者也。杜曲在啟夏門外，向西即少陵原也。杜甫詩曰：「杜曲花光濃似酒。」

坑儒谷

谷在昭應縣三百里。〔案〕三百里當作西南五里。衛宏曰：「秦既焚書，患苦天下不從，而諸生到者拜爲郎，前後七百人，乃密令種瓜於驪山坑谷中温處，瓜實成，詔諸博士、諸生説，人人不同，乃命就視之，爲伏機，諸生方相難不决，因發機，從上填之以土，皆壓，終無聲。」唐先名此地閔儒鄉，天寶中改爲旌儒廟，〔案〕改爲下當有旌儒鄉立四字。廟在昭應，則以衛宏之説爲信也。按史記始皇紀，盧生及咸陽諸生竊議其失，始皇聞之，使御史案問，而諸生中七百餘人悉受坑於咸陽，其地不在昭慶也。〔案〕昭慶當作昭應，下同。昭慶渭南也，咸陽渭北也，地望不同，豈昭應谷中七百人者自爲一戮，而咸陽四百六十人者别爲一戮耶？然當以秦紀爲正，如議瓜之説，似太詭巧，始皇剛暴自是，其有違己非今者，直自阬之，不待設詭也。

豹林谷

在長安縣，近子午谷，本朝种放隱此。

雍録卷第八

新安程大昌泰之

職官

清臺

漢志:「武帝造太初曆,即上林清臺課侯,〔案〕課侯當作課候。惟太初曆密。」是其處也。則清臺也者,蓋在上林苑中矣,黄圖曰:「漢靈臺,在長安西北八里。漢始曰清臺,後更名曰靈臺。郭延生述征曰:『長安宫南有靈臺者,高十五仞,上有張衡所制渾儀、相風銅烏,又有銅表,題云太初四年造。』」吕圖曰:「漢舊城外有靈臺,北與未央宫對。」水經亦曰:「城南漕渠有漢靈臺。」故延生書其所見,亦曰在宫之南也。然則漢世城西之上林,城南之漕渠,皆有侯景之臺也,〔案〕侯景李本作候景,是。或曰清臺,或曰靈臺,名稱不一耳。然銅表之立,既在太初,即是武帝定曆之初矣。至銅渾儀則云張衡所造,衡之所造地動儀在後漢順帝陽嘉元年，其時帝都不在長安，或者衡儀已成，亦分置長安候臺耶？

西京太學

晉灼釋曲臺曰：「西京無太學，故於曲臺行大射禮。」儒林傳：「公孫弘舉制書請置博士弟子員，凡民在京師而選補，及郡國貢送來入京師，皆隸太常。」夫惟選貢弟子皆隸太常，則灼謂西京無太學者信矣。然史贊武帝，明曰「作明堂，興太學」，則安得謂西京為無太學也？若太學雖嘗建置，而隸屬太常，則不可知耳。儒林傳載：「成帝時或有言者，今天子太學弟子，少於孔子之三千人。」則是太學嘗有弟子員矣。弟子有員，則安得全無區舍也？夫班固明以為有，而晉灼乃遂云無者何也？當是太學生員送補教養奏用，皆屬奉常，可由末以推本也。漢之博士皆隸太常，而不以太學冠銜，則可見矣。儒林傳又言：「昭、宣、元帝皆增弟子員，以用度不足，更為設員千人。」既曰「用度不足」，則又嘗給之日食矣。至王莽乃始大治區舍於城南外郭，故吕圖灃渠南亦有太學，而非武帝時太學矣。上林別有槐市，士以土物來者，皆即市以鬻。

藁街　都亭驛

武帝斬南越王，傅介子斬樓蘭王，皆垂其首北闕，北闕，未央北門也。陳湯斬郅支單于，上疏乞垂之藁街蠻夷邸間，諸家無言藁街之在何地者。唐都亭驛即蠻夷邸矣，在朱雀街西，與鴻臚寺近。

吏部選院

尚書省在朱雀門北正街之東，自占一坊，六部附隸其旁。呂圖及長安志尚書省之南別有吏部選院與禮部選院，皆出尚書省六曹治所之外也。長安志曰：「以在尚書省之南，亦曰吏部南院，選人看牓之所也。」六典：「吏部員外郎掌選院，謂之南曹。」注云：「其曹在選曹之南，故謂之南曹也。」唐世選法，不似今時日日引選，每遇四時當受選時，别出本曹治廨之外，於南院引集焉。選事正舉時，却云選門閉者，閉門以防請託也。黜陟既定，院以無事，却曰選門開者，事竟而禁弛也。故語有選門開閉之異也。院外别有列牓之所，告以留黜也，故其所亦謂之看牓。

禮部南院 貢院

禮部既附尚書省矣，省前一坊，别有禮部南院者，即貢院也。長安志曰：「四方貢舉所會。」其説是也。今世淡墨書進士牓，首列為四字曰「禮部貢院」者，唐世遺則也。則唐世已嘗名南院以為貢院矣。有試其中而賦詩曰：「才到第三條燭盡，南宫風月畫難成。」則以試所為南宫也。或謂尚書省六部皆在北省之南，故禮部郎為南宫舍人也。唐初試進士，皆屬考功，後因員外郎李昂為舉子所辱，朝廷以考功權輕，改用禮部侍郎典之，即南院是其考選之地矣。若正用禮部侍郎典試，其結銜則曰「知貢舉」，或委它官為之則其結銜曰「權知貢舉」，言此本禮部侍郎職任，而它官來典者皆為攝事也。有列牓之地如吏部。

諫坡一

唐制自諫議大夫進遷，始為給事中。而其龍尾道上兩省供奉官之立班也，諫議顧在給事中上。故裴吉之為諫議也，吉本名從人從吉。〔案〕裴吉本當作裴佶，避宋徽宗趙佶諱改。供奉班中共謔之曰：「饒伊上坡，却須下坡。」言今為諫議，雖驟班給事之上，及其遷為給事，班反在下也。吉喻其謔，則曰：「以我不可，何不拽下。」拽者挽之使居給事之下，言班雖退下一等，而其職位却是遷進也。因話録。今世通呼諫議坡，蓋起於此。坡者，含元殿前龍尾道坡陀而高者也。唐制，散騎常侍、中書門下侍郎、諫議、給舍、兩史、遺闕、通事官皆名兩省，而其職則供奉也。此之兩省供奉也者，常在人主左右，侍奉宣傳，掌執應對，不可暫闕，故每御含元，則宰相及兩省官於未索扇前，立欄檻之内，及扇開，便侍立於香案之前，取其先上而備供奉，於事便也，此其立班所以皆在坡上也。上坡、下坡，即以班列高下為言也。見會要正元二年中書門下省奏。

諫坡二

等之其為兩省焉，高下固有定序，而立班之時，諫議在給事上者，有為為之也。會昌二年，牛僧孺等奏曰：「六典諫議在隋從五品下，今正五品上，自大曆間升門下中書侍郎為正三品，兩省遂闕四品，望升諫議為正四品以補其闕。」詔從其奏。則是諫議班乎給事之上者，偶因大曆間四品闕官，而從五品越取諫議充入四品，以補其闕也。以品敘班，故諫議越立給事之上也。然而班雖暫上，而其進遷之序猶仍舊不改。於是方為諫議則班乎給事之上，以其嘗從五品而升補四品故也。及其進遷，則諫議復在給事之下，以其官品同在五品，而位序在下故也。此上坡、下坡之詳也。至周顯德五年，敕諫議依舊正五品上，班在給事下，其説曰：「諫議雖升班給事之上，及其遷拜，官雖叙遷，位則降等，故改正焉。」則諫議升班、降班，其首末悉昭然矣。

蛾眉班

沈括筆談曰：「唐制兩省供奉官東西對立，謂之蛾眉班。國初供奉班於百官前横列，王溥罷相為東宫一品，班在供奉官之後，太祖見之以為不倫，遂降命令供奉班依舊等叙立。慶曆賈安公為中丞，以東西班對拜為非禮，復令横行。至今初叙班則分立，百官班定乃轉班横行，參罷復分立，百官班退乃出者，采用舊制也。」予惟人臣會朝，不對黼扆拜君，而東西自相對拜，誠為非禮。然而究尋其初，則有以矣。會要曰：「會昌二年，中書門下奏：『元日御含元殿，百官就列，惟宰相及兩省官皆未索扇前，立於欄檻之内，及扇開，便侍立於御前。三朝大慶，百官稱賀，惟宰相侍臣同介胄武夫不拜至尊。酌於禮意，事未得中。臣等請御殿日昧爽，宰相兩省官對班於香案前，俟扇開，通事賛兩省官再拜，拜訖升殿侍立。』從之。」案此則兩省官為供奉者，自會昌以前每朝叙班，則對立龍尾道上欄檻之内，俟駕坐而遂升殿立侍，〔案〕而李本作則。元不曾拜。自會昌立儀定制之後，其兩班對立者乃始再拜，而其拜元不離位，故班既東西對立，而拜亦東西相向也，此所以不面扆坐而蛾眉其偶也。

世人但見已行之制，而不知立制之因，故於東西自相對拜，共覺其異，而東西自相對立，不知究其本所以異也。本朝距唐中隔五代，〔案〕李本朝上空一格，是出自宋刻之證。此之因革，不能詳傳。故賈安公雖訝對拜之不倫，而不能知對拜之所起，故能究正拜禮，而不敢全廢對立，所謂不揣其本而齊其末者也，宜其無據以伸折衷也。供奉官之立名，以其所從執掌者，如唾壺、筆橐，殿上扶掖，版奏嚴辨。〔案〕辨當作辦。皆人主出入起居之所首須，故視朝之初，它官未及接侍，而此之供奉亟上聽命也。故對班之初，不立平地而立乎龍尾道之上者，取其升殿蚤疾也。

侍從一

漢世之謂侍從者，以其職掌近君也。行幸則隨從，在宮則陪侍，故總攝凡最，而以侍從名之也。武帝之詔嚴助曰：「君厭直承明之廬，勞侍從之事。」助時為中大夫，是之謂中朝臣，中朝臣者，唐以來名內諸司也，謂其職任得在內朝，故皆冠以中字也。郭舍人怨東方朔曰：「朔詆天子從官。」武帝謂竇太主曰：「但恐羣臣從官，多為主費。」司馬遷曰：「文史星曆，近乎卜祝之間，固主上之所戲弄也。」此在漢世，雖皆以侍從名之，特以常在左右，如前所云耳，皆非今世之謂侍從者也。今世侍從，漢之九卿也。張安世持橐簪筆，事孝武皇帝十數年者，此即今世侍從之事也。蓋安世嘗為光禄勳，後又有大司馬、車騎將軍也。若摘漢語以稱今世侍從，則筆槀正其事矣。今時侍從，又名兩制，兩制者，分掌内外兩制也。内制為翰林學士，外制為中書舍人，在元祐未置權侍郎以前，自中書舍人已上方為侍從也。故率内外制而名其官，所以别乎漢世之侍從而未為九卿者也。今制七寺卿既為庶官，若以九卿為侍從，則輕重晦雜，非一見可了，故别名兩制也。漢語又有法從者，出楊雄傳，曰：「成帝時趙昭儀方幸，每上甘泉，常法從屬車豹尾中，故雄為賦以風。」師古曰：「法從者，言以法當從也。」又一説曰：「從法駕也。」二説皆似可通言而實不然也。

侍從二

蔡邕獨斷曰：「天子出，車駕次第謂之鹵簿，有大駕，有小駕，有法駕。則公卿奉引，〔案〕則公卿奉引上當有大駕二字。屬車八十一乘，在長安時出祠天於甘泉備之，百官有其儀注，名曰甘泉鹵簿，中興以來希用之。法駕，公卿不在鹵簿中，惟河南尹、執金吾、洛陽令奉引，屬車三十六乘。小駕，祠宗廟則用之。」案邕此記，則惟郊天甘泉乃是大駕，大駕行則公卿皆從，若用法駕已下，則公卿不從矣。然則凡泛引漢法從語以言今時兩制侍從者，似未安也，蓋公卿不從法駕而從大駕故也。若夫趙昭儀之謂法從者，慮鹵簿中有後宫焉，人或非之，故立為之名而曰法從也，言天子在行，則其宫貴皆當以法得從也。楊雄見之，果設郃妃之颯，則其預立此名，蓋以自文，本非公卿扈行正語也。若司馬遷謂從上上雍者九卿固多在行，而九卿不盡在法駕之内也。遷與任安書曰：「鄉者僕亦嘗厠下大夫之列。」〔案〕鄉者李本作卿者，誤。臣瓚曰：「漢太史令千石，故比下大夫。」然以其得在鹵簿中，故武帝上雍亦得名為從上焉耳。服虔曰：「屬車八十一乘，作三行，尚書、御史乘之，最後一乘垂豹尾，已前皆為省中。」虔之此言，即蔡邕所載漢制也。扈從在豹尾以前者，得與今侍從比而他官非也。唐世鹵簿正用漢制，其行列先後品列，在儀衛志甚詳。

唐兩省

東坡云：「元祐元年余為中書舍人。時執政患本省事多漏泄，欲於舍人廳後作露籬，禁同省往來。余白諸公應須簡要清通，何必栽籬插棘，諸公笑而止。明年竟作之。暇日讀樂天集，有云：『西省北院新作小亭，種竹開窓，東通騎省，與李常侍隔窓小飲作詩。』乃知唐時得西掖作窓以通東省，而今日本省不得往來，可歎也。」予按樂天西掖詩云：「結託白鬚伴，因依青竹叢，題詩新壁上，過酒小窓中。」其謂開窓過酒者，是從本省之地開窓以通本省右常侍之直，而隔窓對飲；非能自西掖開窓，以與東省之左常侍對飲也。按六典，宣政殿前有兩廡，兩廡各自有門。其東曰日華，日華之東，則門下省也，以其地居殿廡之左，故又曰左省也。凡兩省官繫銜以左者，如左散騎、左諫議、給事中皆其屬也。西廊有門曰月華，月華之西，即中書省也，凡繫銜為右者，如右諫議、右常侍、中書舍人則其屬也。故東西兩省皆有騎省，為其各分左右，而常侍亦分左右也。樂天之為舍人也，雖嘗自西掖北院開窓以通騎省，而其所通者本省散騎之直，非東省常侍之直也。東騎省自在日華門之東，而西騎省亦在月華門之西，日華、月華門內有宣政殿據間其中，而兩省又遂分處日華、月華之外，無由止隔一窓而可以度酒對飲也。其曰開窓通東騎省者，當是右騎省直舍在舍人院東，其南面有户，而北面無之，故樂天遂於省北刱亭而鑿右騎省牖，以過酒色也。〔案〕酒色李本作酒卮，是。凡此所引，皆宣政殿下東西兩省位置也。別有中書、門下外省者，又在承天門外，兩省官亦分左右，各為廨舍。而承天門前有朱雀街，東省則處街左，西省則處街右，中間正隔通衢，愈無鑿壁過酒之理也。老杜詩曰：「退朝花底散，歸院柳邊迷。」其曰散者，分班而出東西，各歸其廨也。然則東坡所謂西掖可通東騎省者，〔案〕東字李本脱去。恐別有所見也。

政事堂

政事堂在東省，屬門下。自中宗後徙堂於中書省，則堂在右省也。按裴炎傳，故事，宰相於門下省議事，謂之政事堂，故長孫無忌為司空，房玄齡為僕射，魏證為太子太師，皆知門下省事。至中宗時裴炎以中書令執政事筆，故徙政事堂於中書省。杜甫為左拾遺，作紫宸殿退朝詩云：「宮中每出歸東省，會送夔、龍集鳳池。」鳳池者，中書也。左省官方自宮中退朝而出，則歸東省者，以本省言也。已又送夔、龍集于鳳池者，殆東省官集政事堂白六押事耶？杜之為左拾遺也，在中宗後肅宗時，則政事堂已在中書矣。故出東省而集于西省者，就政事堂見宰相也。為其官于東省而越至西省，故文昌録於此闕疑也。岑參為右補闕與杜同時，故杜答參詩曰：「窈窕清禁闥，罷朝歸不同。」言分東西班各退歸本省也。又曰：「君隨丞相後，我往日華東。」則是宰相罷朝，由月華門出而入中書，凡西省官亦隨丞相出西也。若左省官仍自東出，故曰「我往日華東」也。

待制次對

閣本圖待制有院，在宣政殿之東，少陽院之西，蓋放漢世待詔立此官稱也。武后名曌，音照。故凡詔皆改為制，而待詔亦為待制也。永徽六年，許敬宗以洪文館學士每日待制於武德殿西門，此之名為待制者，亦追用改制後事以為稱呼耳，高宗永徽時未名待制也。顯慶四年，李巢等待詔洪文，尚稱待詔。至文明元年，以京官五品為之，則名待制。文明，武后年號。即待詔、待制之分，其時之先後可考也。正元七年，詔每御延英，令諸司長官二人奏本司事。俄又令常參官每日引見二人，訪以政事，謂之巡對。則是待制之外，又別有巡對也。於是正為待制者，即諸司長官也，上文以二人奏本司事者是也。至其名為巡對者，未為長官而在常參之數，亦得更迭引對者也。其曰次對者，即巡對官，許亞次待制而俟對者也。則次對不得正為待制矣。元和元年，武元衡奏曰：「正衙已有待制官兩員，正元七年又有次對，難議兩置。」詔今後每坐日兩人待制，正衙退後於延英候對，中書、門下、御史臺官依故事並不待制。則是自正衙兩人待制以外，凡德宗所置次對皆罷矣。夫謂兩人待制者，諸司長官也。中書、門下、御史臺官，則是未為長官而預常參者也。自此兩等不可混合。今人作文，凡言待制者皆以次對名之，則恐未審也。然其稱謂既熟，雖唐人亦自不辨。開成中敕：「今後遇入閣日，次對官未要隨班出，並於東階松木下立待，宰臣奏事退，令齊至香案前，各奏本司公事，左右史待次對官奏事訖同出。」按此所言，則嘗以諸司長官之待制者名為次對矣。若究其始，則實誤以待制為次對也。

待漏院

故事，建福門、在大明宫丹鳳門東。望仙門在丹鳳門西。昏而閉，五更五點而啟。至德中有吐蕃自金吾仗亡命，因敕晚開，宰相待漏太僕寺車坊。元和元年初置百官待漏院，各據班品為次，在建福門外候禁門啟入朝。

郎官印匱

南部新書曰：「二十四司印，故事悉納直廳，每郎官交印時，吏人繫之於臂以相授，頗覺為煩。楊虞卿任吏部員外郎，始置匱加鐍以貯之，人人以為便，至今不改。」按古者居此官即佩此印，印有組，常繫腰垂之，一日去官，即解印而上諸有司。故漢語所謂丈二之組、方寸之印者是也。組所以繫也，銀青、金紫，亦其事也。後世當官不佩印，故始時付之典吏，而又加匱封貯，以取便逸，失古遠矣。

軍制

漢南北軍及畿内軍制

漢有南、北軍，循其名而思之，知其扈衛屯營，決相南北矣，而史家不嘗分別其地何在也。按漢制，有衛尉總掌宫中衛士，故百官表曰：「掌宫門衛屯兵也。」又曰：「長樂、建章各有衛尉而不常置。」則知表之所叙衛尉也，其職掌官屬皆指未央衛尉也。表書其職既曰掌宫衛屯兵，則凡未央一宫衛士，不問在南在北，皆當入其統隸矣。然以武帝兵制考之，八屯之中有中壘校尉者，專掌北軍壘門内事，則是衛兵之在宫北者，自屬中壘校尉，不屬衛尉也。予於是得南北分軍之以，〔案〕之以當作之所以。而武帝以前兵制亦可推求也。吕后紀：「周勃以節得入北軍，軍皆左袒為劉氏。」則吕禄之軍見奪於勃者，是為北軍矣。紀又曰：「勃已入北軍，尚有南軍，乃使劉章監軍門，而别遣平陽侯吉衛尉，〔案〕吉當作告。毋納吕産殿門。」故劉章得以殺産於未央殿門之外也。夫惟未得南軍而使衛尉毋納吕産，則衛尉所掌是為南軍矣。又使劉章往監軍門，而吕産不得遂入未央殿門，則劉章所監之門亦南軍之門也。然則吕后之時，未有中壘校尉已有北軍矣。北軍已為周勃所奪，而南軍尚不及知，足以見高祖立制之初，分名南北，不使專隸一官，其所隄防深矣。特至武帝乃始明立中壘之名，使為北軍主帥焉耳。此外都城之内，別有金吾、即中尉。司隸、羽林、期門、虎賁、城門校尉，皆典兵官，而非宮中衛兵也。其八屯校尉，實有九屯，胡騎不常置。惟中壘、已見上文。射聲、虎賁、屯騎當在城中，而四屯悉在城外，故步兵校尉掌上林苑門之兵，越騎校尉掌越人内附之騎，長水校尉則掌胡騎之在長水宣曲者也，軍騎校尉則掌胡騎之在池陽者也。總都城而言所屯之方，則上林在城西南，長水宣曲在城東南，胡騎在城北渭水之外，是為漢家都城兵制之大略也。宣曲固在城東，而城西昆明池旁亦有宣曲，然而長水校尉所掌必在城東，為其與長水相附並也。

〔案〕自則上林在城西南至此，余嘉錫藏李本脱去，蓋後印時版片爛壞一葉而未補刻所致，另周惠文藏李本此葉尚不脱。

宮北禁軍營圖

唐南北軍

唐制，凡曰禁軍者，總南、北衙言之也。南衙，即諸衙之屯于宮南者也。〔案〕諸衙當作諸衛。北衙，即北軍之在禁苑者也。此之列屯，呂圖載之甚明。蓋諸衛營在太極宮前朱雀門内。而北軍左右兩軍皆在苑内，左軍在内東苑之東，大明宫苑東也，右軍在九仙門之西，九仙門在内西苑東北角。凡此諸衛，皆調關内府兵以供役使，故府兵分為十道，無事則散處關内，有急則號召為用，諸衛官皆得領之，故號南衙也。北軍之衆，亦從衛兵中選用，其法刱於太宗之飛騎，其後羽林、龍武、神策、神威之類，皆北軍也。此其大略也。五王之誅二張，元宗之平韋氏，皆貲北軍為用。〔案〕貲當作資。肅宗以後，名制多所增廢，惟羽林、龍武、神策、神威最盛，總號曰左右十軍。邊將。〔案〕邊將下當有脱文。此軍出戍，給賜比它軍皆多三倍，緣此諸將皆請遥隸神策上行營，亦皆統諸中人矣。僖宗時田令孜為左右神策十軍兼十二衛觀軍容使，則南、北衙兵皆統，故其勢大盛，遂至於不可制御也。李揆之在正元中，嘗因李輔國選羽林以為徼巡，固嘗預言其禍矣，曰：「漢以南、北軍相制，故周勃以北軍安劉氏。朝廷置南、北衙以相俟，今用羽林代金吾，警有非常，何以制之？」其議遂寢。嗚呼！此正唐末倒持之禍之所從始也。揆能先事而言，揆賢也哉！

左右龍武軍

睿宗時置，即太宗時飛騎也。衣五色袍，乘六閑駮馬，武皮韉。武者，虎也，唐祖諱虎，故曰龍武。龍武者，龍虎也，言其人材質服飾有似龍虎也。初置惟以從獵，其地最為親密，

〔案〕親密李本作觀密，誤。固已易於寵狎矣。又其軍皆中官主之，廩給賞賜比他處特豐，事力重，伎藝多，故杜甫曰：「龍武新軍深駐輦，芙蓉別殿謾焚香。」言其初時擬幸芙蓉，已遂留駐龍武也。甫之此言，蓋有譏也。唐自中葉以後，天下多事，凡有土木興作，多於北軍取辦焉。而它秘戲耽樂，外人不知者尚多，此其親狎之由也。

神策軍

哥舒翰破吐蕃磨環川，即其地置神策軍。禄山反，神策故地淪没，其軍人有寓屯陝州者，號神策軍，後遂統於觀軍容使。自此迭以中官領之，分左、右厢。大曆中，凡兵屯京兆、鳳翔七縣者，皆隸神策。正元改左、右厢為左、右神策。

南牙北門

王同皎之謂南牙、北門者，本指南、北禁軍而言耳。宇文士及謂太宗曰：「南衙羣臣面折陛下。」則此已云南牙，蓋指朝臣之預正衙朝者也。德宗初，張涉、薛邕以贓敗，宦官武將得以籍口，曰：「南牙文臣，贓動至巨萬，而謂我曹濁亂天下，豈非欺乎！」此南牙、北司之分也。其後北軍皆以中官典領，故禁軍在苑北者皆為北司也。

飛龍廄

後苑有騳德院，禁馬所在。韋后入飛龍廄爲衞士斬首，蓋自元武門出宫入廄也。

廟陵

始皇陵

關中記曰：「麗山之陵雖高大，亦不足役七十萬人，積年之功，爲其徙移水勢，本北流者皆西北之。又此土無石，取大石於渭北諸山，其費功由此甚也。」此説是矣，而不究其實也。驪山、阿房，兩役並興，未論他事，且討八十里閣道，〔案〕討李本作計，是。其土木之費，工力之大，自應廣調而久役矣。史記及賈山疏皆言阿房始皇所造。獨黄圖言阿房一名阿城，惠文已造，而始皇廣之。此恐不然也。始皇明言朝廷小，不足容衆，故渡渭而南，以營朝宫，則其創意營造，出於始皇，不出前人也。

漢陵廟

太上皇陵，在櫟陽東北二十五里。廟在長安城香街南，又在酒池北。

高帝呂后

長陵，在咸陽縣東三十里。

高廟

在長安城中安門裏。

惠帝

安陵，在咸陽縣東北二十里。廟在高祖廟西。

文帝

霸陵，在白鹿原，亦名霸上也。

顧成廟，在長安城南，又方輿志在金塢北，大道南。

景帝

陽陵，在咸陽縣東四十里。

德陽宫，不言廟，諱言之也。

武帝

茂陵，在興平縣北十七里。

龍淵宫，在茂陵東。

昭帝

平陵，在咸陽西北二十里。

廟號徘徊。

宣帝

杜陵，在長安東南二十里。

樂游廟，在杜縣曲池北，因苑為名。

元帝

渭陵，在咸陽縣西北七里。

長壽宮。

成帝

延陵，在咸陽縣西北十三里。

池陽廟。

哀帝

義陵，在咸陽縣西北八里。

平帝

康陵，在咸陽縣西北九里。

高廟 複道 游衣冠 前漢十一帝廟 後漢世祖廟

漢書高廟，晉灼曰：「三輔黄圖云：『在長安城中安門裏大道東，又在桂宫北。』」關中記：「在長安城中安門裏。」三輔故事：「在長安城門街東太常街南。」長安志：「在西四里。」按此數者世遠聞見殊，而各以所得言之，固不齊一。然其可必者，決在未央之南也。何以知其然也？水經載安門者，漢長安城南面之中門也，既名安門，亦名鼎路門也。高廟在此門内，則於方固為南矣。而唐長安縣之西，亦漢未央之西南也，高廟既在城南，而高寢乃在桂宫，桂宫者，未央之北也。晉灼引舊黄圖云。漢法，祖宗衣冠，各藏其寢，每月具威儀，出而游之於廟，游已，復歸藏之於寢，是名月游衣冠也。高寢在未央宫之北，而高廟在城之南，武庫在未央之東，如當衣冠出游，必經武庫，然後可以自北達南，故武庫之道，遂為游衣冠之道也。惠帝之自未央而朝長樂也，亦是自西而東，每行必經武庫，故於武庫之南，築複道以達長樂，初時止欲免民間避蹕之勞耳。而此之複道，正臨武庫，故孫叔通曰：「子孫奈何乘宗廟道上行也？」夫謂宗廟道也者，即指武庫游衣冠之路也，亦猶言及人主而轉為乘輿也。惠帝既聞通語，則遂別作原廟于渭北。渭北既有原廟，則高寢衣冠不游城南正廟，而向北以游原廟，故複道不在衣冠道上也，此通之巧設曲計也。若夫黃圖既曰高廟在安門矣，而又曰亦在桂宮，則城內遂有兩廟矣，是殆因桂宮之有高寢而誤認為廟焉耳。游衣冠之制，至元帝乃罷。

蔡邕廟寢游衣冠說

蔡邕獨斷曰：「宗廟之制，古學以為人君之居，前有朝，後有寢，終則前制廟以象朝，後制寢以象寢，廟以藏主列昭穆，寢有衣冠几杖象生之具，總謂之宮。月令曰：『先薦寢廟。』詩云：『公侯之宮。』頌曰：『寢廟奕奕。』言相連也，是皆故制也。古不墓祭，至秦始皇起寢於墓側，漢因而不改。武衡儒議白：「韓皐引漢儀，古不墓祭。臣據周禮，冢人之職，凡祭墓則為之尸，古亦墓祭，安得無哉！」出會要。〔案〕議白李本作議曰，是。居西都時，高帝以下每帝各立其廟，備法駕，游衣冠，又未定迭毁之禮。元帝時丞相匡衡、御史大夫貢禹乃以經義處正，〔案〕匡衡之匡字作匡，避宋太祖趙匡胤諱缺筆。罷游衣冠，毁先帝親盡之廟。高帝為太祖，孝文為太宗，孝武為世宗，孝宣為中宗，祖宗廟皆世世奉祠，其餘惠、景以下皆毁。五年而稱殷祭，猶古之禘祫也。殷祭則及諸毁廟，非殷祭則祖宗而已。光武中興，都洛陽，乃合高祖以下至平帝為一廟，藏十一帝主於其中。或云十二帝。元帝於光武為禰，故雖非宗而不毁也，後嗣承之，遂常奉祀。光武有天下，以再受命復漢祚，更起廟稱世祖。明、章二帝園陵皆自起廟，孝明曰顯宗，孝章曰肅宗。是後踵前，孝和曰穆宗，孝安曰恭宗，孝順曰敬宗，孝威曰威宗。唯殤、冲、質三少帝皆以在位不踰一年，不列於宗廟，四時就陵上祭寢而已。」已上並蔡邕本文。三輔舊事曰：「光武之興，宗廟為墟，乃聚十二廟合於高廟，作十二室，太常卿一人別治長安，主知高廟事。」則是西都十二帝始各有廟，至此合為一廟，仍在長安不在洛陽也。唐會要大中三年楊發等議廟，則曰光武都洛，遣鄭禹入關奉高祖已下。

五陵七遷

班孟堅西都賦曰：「南望杜廟，北眺五陵。」李善曰：「宣帝葬杜陵，文帝霸陵，惠帝安陵，景帝陽陵，武帝茂陵，昭帝平陵。」又曰：「三選七遷。」「謂選三等之人，而遷處七陵，至元帝乃始不遷。」凡善此之所引，皆漢實也。然七帝七陵，亦嘗遷其人，而獨曰「北眺五陵」者，劉良曰：「高、惠、景、武、昭五陵在北。」其説是也。在北者，在渭之北也。若霸陵則在渭南矣。杜、霸則言南望，而五陵皆言北眺也。後世言陵邑之盛，人物之衆，但曰五陵者，語順也。劉裕入關，父老言之曰：「五陵聯絡，是君家墳墓。」蓋從稱謂便者謂之，非有去取也。

七太子廟

天寶間，以隱太子等七太子立廟于永崇坊。

雍録卷第九

新安程大昌泰之

太子

唐東宫圖

太子宫　博望苑　思賢苑

元帝在太子宫，生成帝於甲觀畫堂，又元后初入宫，見太子丙殿，則是太子别有一宫矣。成帝為太子，而在桂宫出龍樓門，龍樓門者，桂宫之門，太子適居于此，非本宫也。武帝為戾太子立博望苑，使通賓客，苑在漢長安城外漕渠之北，或云在南。至唐則為長安縣北五里，此特招致賓客之所耳。太子之奔湖也，斫覆盎城門而出，覆盎門者，漢城南面東頭第一門也。苑在門外，而太子斫門以出者，則知博望非常居之地也。此苑直至成帝乃始撤去。西京雜記曰：「文帝為太子立思賢苑。」它書皆無載者，不知苑屬何地。

龍樓馳道

秦人馳道之麗，賈山嘗刺其奢，而不能發明其制。黃圖曰：「秦本紀注曰：『馳道，天子道也。』蔡邕曰：『馳道，天子所行道也，今謂之中道。』」漢甘泉去長安三百里，而馳道亦綿亘其間也。漢令諸侯有制得行馳道中者，行旁道，無得行中央三丈，不如令，没入其車馬。故江充為直指者，自公主以及太子家使凡行馳道者，嘗舉用此法，取其車馬而没入之。則馳道有禁，尚矣。黃圖云：「三塗洞開。」班固西都賦云：「披三條之廣路。」張衡西京賦云：「城郭之別，旁開三門，參塗夷庭，方軌十二，街衢相經。」蓋衢路皆有三條，是為三塗，三塗正中一條為馳道，則有禁不得横絶，若兩旁則皆無禁也。漢紀曰：「成帝之為太子也，當處桂宮，適被急召，出龍樓門，不敢横絶馳道，西至直城門，得絶乃度，還入作室門。」夫直城門者，長安城西面南來第二門也。龍樓門者，桂宮之門也。作室門者，未央宮之別門也。桂宮南面有龍樓門，未央北面有作室門，兩門相對，從龍樓門南，自可對趨作室以入未央。而中有馳道，太子不敢横絶，即礙中間三丈，不敢自北徑南，是為不許横絶也。故必迂回避礙而望西趨南，以至直門，遂可自馳道外過。至此則法不應避，故曰得絶也，惟許其絶，乃始可度也。

其曰「還入作室門」者，言初時可以取徑，而有礙不敢横越，至自直門得絶，乃始可入，故曰「還入」也。直門得絶之制，今不知其詳矣，若其始而不敢横絶，知有禁也，終而得絶乃度，則是並城之地，雖礙馳道亦得横絶也。不如是則馳道常為限隔，凡城中街衢相為東西者，皆不可通矣。史語具在，有方向禁否可以追言也。水經追書，皆曰直門即龍樓門。予曰非也，龍樓、直門惟其不為一門，故龍樓之前，馳道不得横絶，而直門之側，馳道遂可横絶也。若兩門本是一門，則同礙馳道，何為直門可絶，而龍樓門乃不可絶也？此自可以理推也。龍樓云者，張晏謂門樓有銅龍，其説是矣。顧不當在直門之上，而當在桂宮門上耳，此又理之可推者也。作室者，未央宮西北織室、暴室之類，黄圖謂為尚方工作之所者也，作室門則工徒出入之門也。王莽傳：「莽在未央宮，朱魚等燒作室門，斧敬法闥，入殿求莽。」則知作室門蓋未央之便門也。

唐東宫

唐東宫在太極宫中，自承天門而東，其第三門曰重明門者，即東宫正門也。長安志。其殿曰明德殿者，本顯德殿也，太宗即位于此殿，而高宗亦以正觀二年生于麗正殿，則麗正、顯德，皆在東宫也。中宗為太子名顯，故改為明德。長安志。馬周曰：「大安宫在宫城之西，

〔案〕宫城李本作宫城，是。太子乃處城中。」其謂城中者，指重明、顯德在太極宫城之内者也。太宗愛魏王泰，正觀十六年固嘗徙處武德殿，武德殿在太極宫。魏證遂明其有嫌曰：「武德殿在東宫之西，海陵昔嘗居之，人不以為可。」太宗即令泰歸第。此唐世東宫方鄉也。若東宫官屬如左、右春坊及左、右率府，則盡在安上門之西，中有街巷，它官寺間乎其間，不與重明宫相綴也。此據吕圖云耳。亦與它不同。長安志曰：「太子不居東宫，但居乘輿所幸之别院，太子元子亦分院而居，故太子事迹著宫城之内者少也。」

苑囿

上林疆境 甘泉苑

秦之上林，其邊際所抵難以詳究矣。水經於宜春觀曰：「此秦上林故地也。」史記載上林所起曰：「作朝宫渭南上林苑中，先作阿房前殿。」則宜春觀、阿房宫皆秦苑故地也。武帝尚以秦苑為狹，命吾丘壽王舉籍阿城以南，盩厔以東，宜春以西，悉除為苑，則所拓比秦益汰矣。以漢、唐郡縣言之則盩厔一縣不盡入苑，而鄠、杜兩縣悉歸包并矣。其曰舉籍阿城以南，而阿城之北則不在數，是其疆境至渭水南岸而極也。至楊雄則曰：「武帝廣開上林，南至宜春，師古曰：「在杜縣東，即曲江池。」鼎湖、宮名，在藍田。御宿、川名，在樊川西。昆吾、長楊、五柞宮名，在盩厔。并南山，終南。北繞黃山，宮，在渭北興平縣。瀕渭而東。」則苑境不止限乎渭南矣。蓋謂踰渭而北，北又向東，皆為苑地也，此雄之誤也。渭北有苑百八十里，向西而入扶風，周回五百餘里，此則渭北之苑也。以舊儀、黃圖考之，自名甘泉苑，不名上林苑也。當是楊雄但見夾渭南北皆有苑矣，而渭北之苑又復有宮如黃山宮之類，故誤包言之耳。東方朔傳壽王所載，截自阿城以南，元不跨渭，此最疆境要證也。張衡賦西京上林曰：「繞黃山而款牛首。」牛首可款矣，而黃山可繞，乃其據行幸言之，非上林位置也。惟其侈大如是，故世之傳言不一。在宮殿疏則曰方百四十里，在楊雄則曰周衺數百里，漢儀則曰方三百里也。語之多少，雖不齊等，要之拓地既廣，故說者亦遂展轉加侈也。高帝開漢之二年，命秦苑囿園池，令民得田之。則上林也者，宜在許田之數矣。至十二年蕭何為民請上林中空地，令民得田，毋收稾為獸食，則是許人田作之地尚收稾桔，〔案〕桔李本作秸，是。故何之丐除者，賦之出輸稾者也。百官表置令、丞、嗇夫以為定員，則上林常為禁苑，未嘗與民也。方高帝時民口尚希，荒萊未盡闢，故苑中尚有空地可請。至武帝時民齒蕃息，耕鑿益廣，凡壽王舉籍之地，皆苑外民間熟成之業也，故帝又詔中尉、左右內史，表屬縣草田以償鄠、杜之民也。夫取其成業而酬以草田，則與籍奪何異？東方朔尚能直言其情，然不能救也。漢舊儀曰：「武帝使上林苑中官奴婢，及天下民貧貲不滿五萬，徙置苑中，人日五錢，後得七十億萬錢，以給軍擊西域。」則雖許業苑，仍使輸錢也。詳其意制，則猶今之佃作也。至元帝時乃始捐下苑以予貧民。楊雄傳謂割其三垂者，始是舉以予民也。

上林賦一

相如之賦上林也，固嘗明著其指曰：「此為亡是公之言也。」亡是公者，明無此人也。夫既本無此人，則凡其所賦之語，何往而不為烏有也。知其烏有，而以實録責之，故所向駁礙也。武帝之有上林也，本秦故地，以秦苑為小，又從而開拓之，正放秦而有加者也。始皇既并天下，志得意廣，則遂陋隘先王之宫庭，而大加創治，東既極河，西又抵汧，終南之北，九嵕之陽，數百里間，宫觀二百七十，複道、甬道相連，窮年忘歸，猶不能徧，乃又表南山以為闕，立石東海朐山以為東門，其意蓋曰，闕不足為也，南山即吾之闕也，門不足立也，朐山即為吾門也。此其侈大，蓋武帝之所師也。所師在是，苟有諫者，不順其欲而逆折其為，則彼有坐睡唾擲而已，無自而入也。故相如始而置辭也，包四海而入之苑内，其在賦體，固可命為敷叙矣，而夸張飛動，正是縱臾使為，故楊雄指之為勸也。夫既先出此勸，以中帝欲，帝既訢訢有意，乃始樂聽。待其樂聽，而後徐加風諭，以為苑囿之樂有極，而宇宙之大無窮，則諷或可入也。此其導之以勸者，理蓋出此也。夫諷既不為正諫，凡其所勸，不容不出於寓言，故舉一賦之語而歸之無有，此子虛、烏有、亡是之名所由以立也。

上林賦二

「左蒼梧，右西極，日出東沼，入虖西陂」，此賦語敷叙上林所抵也。上林疆境，設使真有數百里廣，而此之數百里地者，其能出没日月於左右東西也乎？又曰：「其南則隆冬生長，涌水躍波。」又曰：「北則盛夏含凍裂地，涉水揭河。」信斯言也，則是此苑之南窮冬不凍，而其北亘夏不暑也。冬而不凍，夏而不暑，極天下之大，并夷狄地而言之，則交廣、朔漠氣候乃始有此，而此苑之境，其能奄有交廣、朔漠氣候，以出此異也乎？則子虛之虛，其為亡是而又烏有，大不難見。特今古讀者偶不致思，故主文譎諫之義，晦於不傳耳。至於八水分流，則長安實有此水，惟此不為寓言矣。然而上林東境極乎宜春下苑，下苑即曲江也，曲江僅得分滻為派，而其滻、霸會合之地，已在宜春之北，則其地出上林疆境之外矣，安能包該霸、滻也？而賦務侈收，乃曰「終始霸、滻」，不知如何而能終始之也？然則雖其實有之水，亦復不能真確，况其紫淵、丹水，雖善傅會者亦不能通，尚可强求乎？

上林賦三

古惟楊雄能知此意，故其校獵之賦曰：「禦自汧、渭，經營豐、鎬。」此則明命其實矣。至謂禁禦經營，能「出入日月，天與地沓。」禦，禁也，禁約人與獸皆不得出也。則關中縱廣不能千里，豈能辨此也？又曰：「虎路三嵕，以為司馬，圍經百里，以為殿門。」此則可得而有矣。至謂：「正南極海，邪界虞淵。」此又豈關境所能包絡也哉？雄之此意，正放子虛、亡是公為之，而恐人之不悟，則於發首自叙其以而曰：「文王囿百里，民尚云小，齊宣王囿四十里，民遂云大，裕民之與奪民也。」用雄此意，以推想乎相如，則諷勸相參，不皆執實，其於兩賦，實一意矣。若相如篇終致諷之言，則遂明於楊雄矣。曰隳牆壍以與民者，乃為知悟；而貪雉兔以獨樂者，則為迷復也。迷復也者，如齊、楚所賦，地方不過千里，而囿居九百者也。於千里而取九百里以為之苑，是草木不得墾辟，而民無所食也。此正相如本意，設操縱以施諷勸者也。亦楊雄所采，而立為文囿、齊囿之分者也。說者不知出此，乃從地望所奠，土毛所產，枚舉而較有無，是諺語謂對癡人說夢者也。班固曰：「亡是公言上林廣大，山谷水泉萬物，多過其實，非義理所止，故删存其要，歸正道而論之。」推此言也，則雖班固亦有不解也。予故曰古惟楊雄能知此指也。

漸臺 滄池　太液池

未央宫有漸臺，文帝之夢鄧通，王莽之死於兵，皆在其處。漸者，漬也，一作瀸，音義同也，言臺在水央，受其漸漬也。建章宫亦有漸臺，郊祀志曰：「建章北有大池，漸臺高二十丈，名曰泰液。」王根治第亦有之，百姓歌曰：「土山漸臺西白虎。」然則凡臺之環浸于水者，皆可名為漸臺，顧王根為之則僭耳。長安志疑王莽之在未央為漢兵所逼，倉卒出避，無由有暇得趨建章，因疑兩宫各有漸臺也，此其疑之是也。水經未央漸臺在滄池中，建章漸臺在太液池中，則正與漢志所載相合，最可據矣。黄圖曰：「舊圖云未央宫有滄池，其水蒼色，故曰滄池。」此即水經言漸臺之在滄池者也。漢書又曰：「建章宫北治大池，名曰太液池，中起三山，以象蓬萊、方丈、瀛洲。」此之三山，即是太液漸臺之詳也。至黄圖曰：「漸臺在未央宫太液池中。」則未央似有太液矣，而漢志無之，則疑黄圖不審也。圖之下文又曰：「未央宫有滄池，池中有漸臺，王莽死於此。」則此地本是滄池，而誤為太液池也。案昭帝紀：「始元元年，黄鵠下建章太液池。」則太液自在建章甚明。而正史之於未央又無太液之文，故予得以議其不審也。然予於此别有疑焉。

漸臺二　漕渠　王渠　飛渠

未央據龍首山為基，龍首之在渭濱者本高四十丈，故未央殿皆出長安城上矣。其為地既如此之高，則安所得水而為此巨浸也？水經於此甚有次第，顧其文不暢白耳。凡漢城之水，皆取諸昆明，而昆明之水，則自沉水以及樊、杜諸水，〔案〕沉水當作坈水。武帝皆嘗堰壅以入，與之為廣矣。水之既池而又北出也，其下口釃為三渠，以並城而行。其先分一派，自西而東，橫亘城南之鼎路門，已而東折以注青門，長安東面南來第一門。水經固謂之漕渠漢明堂、圓丘、博望苑皆在漕渠之南。而吕圖亦具著渠迹，暨至清明門外，東面南來第三門。合王渠以入于渭。第二枝自都城西面南來第一門名章門者，於其旁設為飛渠，東向入城，注于未央宮之西，以為大池，是名滄池，滄或作倉，黄圖作滄。此池之中有漸臺，則未央漸臺也。已而滄池下流，循殿之北，向東而往逕石渠、天禄閣，桂宮、北宮、長樂宮皆用此水也。未央地勢甚高，而此水能自西面而轉北以行，是行乎未央山背窪下之處也。滄池下流有石渠者，礲石為之，以導此水。自此以往，凡水既周徧諸宮，自清明門出城，是為王渠，王渠猶御溝也。王渠至清明門外與漕渠合，而北入于渭也。即上文王渠。第三枝則揭水陂也者，自南而北，徑趨建章，先為唐中池，周回十里，已而從東宮轉北，則為太液池，其中又有漸臺，即建章宮漸臺也。漸臺下流入渭，亦名潏水，潏水本沉水，〔案〕沉水當作坑水。傳寫久，沉誤為沉，〔案〕沉當作坑。沉又誤為潏，長安志。或曰潏者水聲也，非水也。右東自少陵原而暨龍首山之尾，凡水地望悉用呂圖為據。至漢都所引諸水地望，悉用水經，參以長安志。惟飛渠一語，諸家無言其制者，予以本朝架汴之事例之，〔案〕李本本朝上空一格，是出自宋刻之證。尚可言也。

飛渠

本朝都汴。城内有大水二，其一自北趨南，直貫都城者，汴渠也。其一自西而東，横亘都城者，京水也。名金河水。太祖欲通京水使東下，以達五丈河。而中間有所謂汴渠者焉，實與京水交午，而京水高於汴渠，若決京注汴，則必隨汴南流，不能東出。故遂於金水會汴之地，架空設槽，横跨汴面，其制如橋，而金水河之水乃自西横絶，以東注乎五丈河也，本朝名惠民河者是也。〔案〕李本本朝上空一格，是出自宋刻之證。予意水經之謂飛渠者，如架汴橋渠而遂名之為飛也。飛者，底不附土而沿空以行，如禽之不以足履而以翼飛也。蓋未央殿址據山為高，而明渠之欲入城也，必有窪下之地，中斷不接，故架空為渠，使得超窪下而注滄池也。飛渠之制，恐必爾也。

露臺

漢書文帝罷露臺，師古曰：「今新豐縣南驪山之頂有露臺鄉，極為高顯，猶有文帝所欲作臺之處。」十道志曰：「漢文帝罷露臺於此。」然則麗山露臺，正文帝已有成基，而惜費不肯竟役者也。長安志曰：「露臺神廟在萬年縣東北四里。」寰宇記曰：「始皇祠也。」辛氏三秦記又云：「驪山顛有始皇祠，不齋戒而往即風雨。」則是後人誤認漢址以為秦祠也。如昆明池旁有石婆廟，蓋牽牛譌為石翁，織女訛為石婆也。古事如此極多，初時大似可笑。然而靈場宜夜，人以其神而遂信之也。

唐三苑圖

唐三苑説

唐大内有三苑，西内苑也，東内苑也，禁苑也。三者皆在兩宮之北，而有分別。西内苑謹並西内太極宮之北，而東内苑則包大明宮東北兩面也。兩内苑北門之外，始為禁苑之南門也。禁苑也者，隋大興苑也，其西則漢之長安四城皆在包并之内，苑東距霸而北抵渭，廣輪所及，自周一百二十里，而東西二十七里，南北三十二里，據所記如此，若以漢地約其道理，當不啻此數也。〔案〕道理當作道里。中置四監，監分領一方，凡立四官四局以監之，北軍營衛盡在三苑、四監封畛之内，而大明宮基乃取禁苑中射殿地為之，則其廣可想矣。若夫禁苑西面，則又繞出太極宮之南，故苑之南牆與宮城相齊，芳林等三門是禁苑南出之門也。東内苑在大明宮東，直南而出，亦與丹鳳門齊，其南面延政門，是東内苑南出之門也。龍首池、龍首殿皆在内苑之内，不在大明宮垣中矣。凡此三苑也者，地廣而居要，故唐世平定内外禍難，多於苑中用兵也。呂圖、兩京記。太宗武德六月四日之變，建成、元吉皆死苑中，而高祖泛舟海池，未及知也。海池却在太極宮内。中宗之誅二張，元宗之平韋氏，則皆自元武門資禁軍為困。〔案〕困李本作用，是。而元宗幸蜀，則自苑西之延秋門以出。德宗幸奉天，則又出苑之北門也。李晟自東渭橋入禁苑之東，逐出朱泚，而入屯于苑經宿，市人遠者有不及知，即此足以見苑之闊遠也矣。

唐存古苑宮

太宗出征突厥，高祖餞之蘭池宮，宮之來已久，若非秦創，亦必漢造也。太宗幸甘泉宮，獵昆明池，則此宮此池皆漢迹矣。

望春亭

南望春亭、北望春亭，在禁苑東南高原之上。舊記多云望春宫，其東正臨滻水也。天寶元年，韋堅因古迹堰渭水絶滻、霸為潭，東注永豐倉下，永豐倉下，在渭水入黄河處，漢之船司空也。以便漕運，名廣運潭。未幾滻、霸二水沙泥衝壅，潭不可漕，付司農掌之，為捕魚之所。長安志、元和志參定。

棃園

棃園在光化門北，光化門者，禁苑南面西頭第一門，在芳林、景曜門之西也。中宗令學士自芳林門入，集於棃園，分朋拔河，則棃園在太極宫西，禁苑之内矣。開元二年置教坊於蓬萊宫，上自教法曲，謂之棃園弟子。至天寶中即東宫置宜春北苑，命宫女數百人為棃園弟子。即是梨園者，按樂之地，而預教者名為弟子耳。凡蓬萊宫、宜春院皆不在棃園之内也。見唐曆、唐志。上素曉音律，時有李龜年、賀懷智皆能以伎聞。安禄山獻白玉簫管數百事，皆陳於棃園，自是音響絶不類人間。此之玉簫所陳者，乃始正在棃園也。長安志又曰：「文宗幸北軍，因幸梨園，又令太常卿王涯取開元雅樂，選樂童按之，名曰雲韶樂，樂成獻諸梨園亭，帝按之會昌殿。」此之會昌殿也者，即在梨園中矣。唐末芳林十哲，即自此門入而交中官，故十人者冠戴芳林名號，如鴻都賦徒也。以史考之，開元二年正月已置梨園弟子，上自教樂。而其年七月焚錦繡珠玉于前殿，仍禁采珠玉及為刻鏤器玩、繩帖縚索者，又廢織錦坊。若元宗果能身先天下如此之嚴，則奇巧遂可無用矣。然是年正月已置教坊，立梨園弟子以教法曲，不知既有此輩，帝肯服大布大帛以與樂會耶？此司馬文正公所為探微致議也。

奉誠園

在安邑坊。本馬燧宅，燧子暢以貲甲天下，正元末獻第為奉誠園。

事物

岐陽石鼓文一

元和志曰：「石鼓文在鳳翔府天興縣南二十里，周太王之都，秦雍縣，漢右扶風，唐天興縣。石形如鼓，其數盈十，蓋記周宣王田獵之事，即史籀之迹也。正觀中吏部侍郎蘇勉本字諱。〔案〕蘇勉本當作蘇勗，避宋神宗趙頊嫌名改。記其事云：『虞、楮、歐陽共稱古妙，〔案〕楮當作褚。下同。雖歲久訛缺，遺迹尚有可觀，紀地理者不存記録，尤為可惜。』」按志此言，則世人知有岐鼓者，自唐而始，蘇勉、歐陽、虞、楮四子，實為之先，隋以前未也。故歐文忠雖甚重其筆畫，謂非史籀不能為，而深疑其奇古如此，而自周至隋數千百載，何以無人采録也？開元以後，張懷瓘、韋應物、韓退之直云宣王之鼓也。然詳考其語，實皆臆度以言，無有明著其説得諸何書，傳諸何人者，宜乎歐公之不信也。若夫竇泉、張懷瓘所著，則特詳矣，泉之言曰：「岐州雍城南有周宣王獵碣十枚，並作鼓形，上有篆文，今見打本，石尋毀失。」懷瓘書斷曰：「甄豐定六書二曰奇字，即史籀體，與古文小異其迹，有石鼓文存焉，蓋諷宣王畋獵之作也。」不知二子此語，亦皆臆度言之耶？或其嘗有所本也。

岐陽石鼓文二 鼓文

歐文忠曰：「十鼓之文，可見者四百六十五字，不可識者過半。」即韓歌所謂「牧童敲火牛礪角，年深豈免有闕訛」者也。就其文之可曉者言之，有曰「我車既攻，我馬既同」者，車攻語也。有曰「有魚維何，維鱮及鯉，何以標之，維楊及柳」，則兼記田漁也。凡此數語之可讀者，又蘇文忠所謂「衆星錯落僅名斗」者也。夫其語既與車攻詩合，而其所記田漁又與車攻相似，且其字體又為大篆，而籀又宣王之史也，合此數者，若其可以歸諸宣王，則無怪乎說者云然矣。然古事有可參例者，五子之歌，即大禹貽後之訓，伊尹之三風十愆，又皆成湯之本語也。此乃世臣子孫，舉揚先訓，以明祖述之自耳。則鼓語偶同車攻，安得便云宣詩也？惟其字正作籀體，似為可證，而大篆未必創於史籀，古載又有可考也。辨在後。舍此二說，則無所執據以名宣鼓矣。如予所見，則謂此鼓不為宣鼓，而當為成王之鼓也。

岐陽石鼓文三 宣王田洛　成王蒐岐

左氏昭四年，椒舉言於楚子曰：「成有岐陽之蒐。」杜預曰：「成王歸自奄，大蒐於岐山之陽，岐山在扶風美陽縣西北也。」杜預之為若言也，雖不云蒐岐之有遺鼓，而謂成蒐之在岐陽者，即古鼓所奠之地也。然則鼓記田漁，其殆成王之田之漁也歟？宣王固嘗出鎬而東獵矣，其地自屬東都，故曰：「四牡龐龐，駕言徂東。」徂東云者，以方言之，則是自鎬出洛也。岐在豐西三百餘里，安得更云徂東也。則鼓辭不為車攻之辭，亦已明矣。鼓辭既不為車攻之辭，則何據而云宣王之鼓也？今去古遠，事之出於傳疑者，不敢不存其舊，等之其為可疑焉，且從一據之明者而主之，猶愈於泛漫臆度者也。故予惟椒舉之言，既能明記岐蒐為成王之蒐，則其不能明記此蒐之有鼓，雖為不備，若較之唐語絶無的據，而專用籀體定為宣王之物者，其説差有本祖也。古田狩與後世不同，名為從田，其實閲武，其事則登獸數獲，其意則致衆而耀武。故武王初集大統，因伐獸而陳天命，以鎮撫在會之諸侯，已遂識之於策者，所以揚威傳遠，使來今共見焉耳也，此古人講武識事之深意也。然則岐陽之記蒐也以鼓，而武成之記事也以策，以策以鼓，其物雖異，而托物傳遠，則一意也。

岐陽石鼓文四 古刻石 漢石鼓

古今常言刻石起於秦世，泰山、鄒、嶧，是其事矣。然方秦皇之議刻山也，其羣臣上議，已曰：「古之帝者，猶刻金石以自為紀。」則刻石之與刻金，其所自來皆在秦前矣。若夫斲石為鼓，不可考擊，而遂刻文其上，則三代之前，無有兩聞，非誠無也，世遠故也。古之刻金者，如湯盤、栒鼎，即其最著者矣。而盤之與鼎，皆鑄金為之，則遂可盛可烹，皆適於用，見者但玩其辭，不駭其異也。今其此鼓，則石為之，質既已不可考擊，而專著事辭，故人莫明其用，且驚且疑也。然而武成識政於策，策之為策，豈其可為用器也歟？蓋古人託物見意，不主乎物，而主乎所勒之辭，故在盤，在鼎，在策，皆無間也。今其伐石為鼓，則意又可料矣。田漁必用衆，致衆必以鼓，因其鼓之入用，而斲石象之，因以記事焉。是其託物為久，正與鑄金、刻金，共一意也。故秦臣之言銘刻者，遂兼舉金石也。古來託物記事，決不止於盤、鼎三物矣，〔案〕盤、鼎下當有策字。而此三物偶傳于後焉耳。後漢橋元本字諱。〔案〕橋元當作橋玄，避宋始祖趙玄朗諱改。之廟，有石鉦、石鉞以及石鼓，而蔡邕與為銘辭，見蔡邕集。則曰：「是用鏤石，作茲鉦、鉞、軍鼓，陳之東階，以勒公文武之勳焉。」邕之謂勳者，蓋橋嘗剋平鮮卑也。鉦、鉞、鼓三者皆軍旅間用器，而三器同為一辭，則古來識事於石，豈必專為鼓形？顧岐陽田漁，其用在鼓，而因用以著辭焉耳，而他器自可類推也。漢距三代未遠，古制猶有存者。邕最知古，故能撫肖古制，〔案〕撫李本作橅，是。與橋勳為明，而石鼓源流賴之以存也。詩於「典刑」、「老成」配對，而言邕其兼之，可尚也矣。

岐陽石鼓文五　籀體

世傳大篆起於史籀，是謂宣王之前未有此體。故唐世諸人因其體之為籀也，而遂指之以為宣鼓，其亦近似而實可疑也。安知成王之世籀體不已有萌，而史籀亦其承述此體者歟？蓋藝文志記史、蒼兩學，曰史籀十五篇，蒼頡一篇。顏師古之於釋籀，則曰史籀，周宣王太史作，大篆十五篇也。於釋蒼頡篇，則曰上七章李斯作，爰歷六章趙高所作也。晉人衞常本字諱。〔案〕衞常本當作衞恒，避宋真宗趙恒諱改。下同。曰：「斯、高皆取史籀大篆，或頗省改，名為小篆。」則小篆固出於大篆矣。至其對鳥迹立論，則遂通指籀篆以為古文子孫矣，不曰史籀別為一種也。常之說曰：「宣王時史籀始著大篆，或與古同，或與古異。」則知史籀之體名為大篆者，亦取古文而斟酌用之，非籀自創也。王莽時甄豐考定六書，自不立籀書一體，其一曰古文，則孔氏壁中書也；二曰奇字，即古文而異者也；三曰篆書，即秦篆也，秦篆即小篆也。是甄豐六書元無籀體，而豐也亦不能即古文體中，別白何者之為籀體也。則謂籀體創始於籀者，未必確也。又如汲冢遺書字體最古，而自易經以至魏之安釐，字體數四其變，世但見其體為數體，而無能言何體之始於何世也。則世人豈可聞大篆之為籀體，而即謂鼓字之為籀書，籀書之為宣王時物也。此予所以不安於唐人之論，而詳此審是也。

岐陽石鼓文六

鼓之數十，先時散棄於鳳翔之野，鄭餘慶取寘夫子廟中尚亡其一。國朝皇祐四年，〔案〕李本國朝上空一格，是出自宋刻之證。向傳師求諸民間得之，而後十鼓乃足。當張懷瓘之為書斷也，其登載能書人姓名至盧藏用而止，考其時則元宗以後人也。其曰：「石鼓文即奇字之存者矣。」則此時鼓石尚在也。至竇泉但見墨本，而曰：「石尋毀失。」則在鄭餘慶未嘗寘廟之前矣。至韓退之則曰：「十鼓只載數駱駝。」則是因餘慶收徙而其石得存也。餘慶與韓同仕憲宗朝。紹興壬子，福唐鄭昂得洪慶善所遺石鼓墨本，即用退之石鼓詩韻次和謝之，其自跋曰：「昂貢隸辟雍，時嘗徘徊鼓下，以舊本校之，字又差訛矣，虜難以來，不知何在？」莆田鄭樵著石鼓考，其文多至數百千言，謂：「鼓入辟雍及保和殿。」皆與昂同，或得之於昂也。樵之博固可重，而語多不審，予嘗論辨正之，文多不録。

岐陽石鼓文七

韓退之但得墨本而詩之，其曰「張生手持石鼓文，勸我試作石鼓歌」是也。及東坡蘇氏則親見石鼓矣，其詩曰：「冬十二月歲辛丑，我初從政在魯叟，舊聞石鼓今見之，文字鬱律龍蛇走，强推偏旁推點畫，時得一二遺八九」是也。東坡初仕為鳳翔府推官，石鼓在焉，故得而親見之也。予之取古辭而叙辨石鼓也，非獨不曾見石鼓，亦復不見墨本，獨因鄭樵模寫其字之可曉者，而隨用其見以為之辨。南劍州州學以鄭本鋟木，予既得版本，遂隨事而為之辨。紹熙辛亥有以墨本見示者，建康秦丞相家藏本也，點畫樵糊，皆不可讀，而其粗可曉解者曰：「我車既攻，我馬既同。」此即東坡所謂「衆星錯落僅名斗」者也。鄭樵南劍本其成字而粗可讀者，比東坡又多，特不知鄭本所傳奚自耳。東坡自記其所覽曰：「其詞云，『我車既攻，我馬既同』，『其魚維何，維鱮及鯉，何以貫之，維楊及柳』，維此六句可讀，餘多不可通。」此二十四字，蓋東坡仕岐而於鼓上見之，其曰「何以貫之，維楊與柳」，而鄭本乃作櫟，益疑鄭本不真也。又有異者，古傳鼓有十，中失其一，皇佑間向傳師得之，而十鼓復足。秦丞相家本有傳師自跋，乃云「其第十鼓最小，其文亦不相類，尋訪得之，形半壞而書體是，遂易去小鼓，而寘其所得之鼓。」又不知何世何年好事者悵其不足，而刱為一鼓以補足之也。

雍録卷第十

新安程大昌泰之

銅人

鑄銅為狄象，始於秦世，漢亦倣鑄而又增大。後漢以及曹魏都于洛陽，嘗有所徙寘。故記載參互，無所歸宿。此雖不繫治亂，而考古者不容昧昧，今枚别而著之。

秦

史記：「秦始皇二十六年，有大人，長五丈，足履六尺，皆夷狄服，凡十二人見于臨洮。是歲始皇初并六國，喜其為己瑞，銷天下兵器，作金人十二以象之。」三輔舊事曰：「鑄金狄立阿房殿前。」師古曰：「即翁仲也。」黄圖曰：「收天下兵聚之咸陽，銷鋒鏑以為金人十二，以弱天下之人，立於宫門，坐高三丈，銘其後曰：『皇帝二十六年，初并天下，改諸侯為郡縣，一法律，同度量，大人來見臨洮，其長五丈，足跡六尺。』銘李斯篆，蒙恬書。」按此數説，或云立，或云坐，以文考之，則云坐者是也。蓋黄圖先云立於宫者，猶言設此金人云耳，而非謂其象之立乎宫門也，故黄圖又申言金人坐殿前也。漢魏春秋曰：「魏明帝鑄翁仲，坐司徒府前。」此之翁仲，固魏明帝之所創鑄，然其鑄之之撫〔案〕撫李本作橅，是。實本諸秦，則其坐而不立，亦必放秦也。故予得以知其坐象之為是也。金人之外，更有一臺，高及三丈，而董卓并銷為錢。既曰有臺，則可以見其坐而不立矣。漢興，移寘長樂宫大夏殿。長安志先叙秦宫，引三輔故事云：「大夏殿，始皇所造。」後於漢長樂宫又引三輔故事云：「漢徙秦金狄寘長樂大夏殿前。」則謂自阿房移寘長樂者是也。蓋漢世阿房宫室已自不存，則銅人無由尚在阿房也。及董卓入關，悉鎚破銅人、銅臺，以為小錢。銅臺即前云「坐高三丈」者是也。英雄記曰：「大人見臨洮而銅人鑄，臨洮生卓而銅人毁，天下大亂有以也。」餘二人魏明帝欲徙洛陽，載至霸城，重不可致，便留之霸城。漢薊子訓傳曰：「人有於長安東霸城見子訓與一老公共摩挲銅人，曰：『適見鑄此，已近五百年。』」李賢注曰：「秦始皇二十六年鑄，至此四百二十年。」

前漢

秦世所鑄，特然銅人耳。漢武帝從而增益之，故建章、甘泉所鑄者，人既持盤，盤又加杯，是為捧盤金人也。若自此兩宫以外，徒人而無盤者，尚不在此數也。廟記曰：「漢武帝即建章作神明臺，上有承露盤，有銅仙人舒掌捧銅盤玉杯，以承雲表之露，和玉屑服之以求仙。」三輔故事：「盤高二十丈。」長安記曰：「仙人掌大七圍，以銅為之。魏文帝徙銅盤，盤折，聲聞數十里。」此漢世建章之銅人也。黄圖曰：「甘泉宫通天臺，上有承露盤，仙人掌擎玉杯，以承雲表之露。元鳳間自毁，椽桷皆化為龍鳳，隨風雨飛去。」此即甘泉之銅人也。三輔故事曰：「武帝作銅露盤，承天露和玉屑服之，欲以求仙。」班固西都賦曰：「抗仙掌以承露，擢雙立之金莖，軼埃壒之混濁，鮮顥氣之清英。」張衡西京賦曰：「立脩莖之仙掌，承雲表之清露，屑瓊蘂以朝餐，必性命之可度。」按凡此記此賦，皆指武帝所鑄捧盤承露也。

成毁徙移

武帝自鑄人以外，别為物象者不一。上林則有飛廉觀，飛廉，神禽也。建章則有鳳闕，所謂「上觚稜而棲金爵」者是也。龍樓門則有銅龍，金馬門則有銅馬，柏梁臺則有銅柱，皆鑄銅為之。黄圖曰：「漢明帝永平五年，至長安取飛廉并銅馬，置之西門，以為平樂觀。董卓悉銷以為錢。」魏略曰：「明帝景初元年，徙長安諸鍾虡、駱駝、銅人承露盤，盤折，銅人重不可致，留于霸城。仍大發卒，鑄銅人二，號曰翁仲，列坐於東都司徒門外。」又漢魏春秋曰：「明帝徙盤，盤折，聲聞數十里，金狄或泣，因留於霸城。」故李賀金銅仙人辭漢歌叙云：「魏明帝青龍九年八月，詔宫官牽車，西取漢孝武捧露盤仙人，欲立置前殿，宫官既坼盤，仙人臨載，乃潸然泣下。」其歌曰：「魏宫牽車指千里，東關酸風射眸子，空將漢月出宫門，憶君清淚如鉛水。衰蘭送客咸陽道，天若有情天亦老，携盤獨出月荒凉，渭城已遠波聲小。」

說

秦鑄銅為長狄之象，既倡怪矣。武帝置銅盤承露，和玉屑欲以求仙，則又增怪也。至其它鑄銅以為物象，如馬、龍鳳、飛廉之類，則皆務以奇怪自喜者也。後漢及魏，慕其奇怪，而靳於刱費，乃欲移已鑄之象，而致之於洛。為其事小，故史傳不嘗詳載，因此而異說甚多，今直即諸書之記徙移者而評之。若霸城之象，誠為魏氏所移，則薊子訓生於漢末，銅人尚在長樂，而霸城乃在城外。子訓行人也，霸城固能來往，而安能即長樂宫庭而摩挲之也？若謂為董卓銷鑄之餘，則卓也志在得銅，惟多是務，先此洛陽銅物，卓已盡毁，此之金狄，各重千斤，為銅益多，安肯銷十存二，而待魏人之徙移也？則霸城所棄二狄，决不在魏文帝之世矣，其先後可考也。若使魏方來徙，人存而盤已折，則承露之具不全，魏人安肯載之以東也？則漢魏春秋之説，又不可信矣。至謂銅人就載泣下，則怪之又怪者也，李賀所叙，又並此而加怪焉者也。然賀之詩辭曰：「衰蘭送客咸陽道。」又曰：「渭城已遠波聲小。」咸陽、渭城，皆在渭北，若銅人自此地徙移，則必自甘泉來。甘泉銅盤元鳳間既已摧毁，雖其椽桷亦化龍鳳，則漢魏明之世，〔案〕漢魏明李本同，當作漢明。吴本此魏明二字作小字横列，蓋初亦無魏字，後補刻擠入。已無銅人可徙，而况能及曹魏也乎？則謂携盤而出咸陽、渭城者又謬也。况魏明帝青龍之五年已自改為景初元年，則魏世自無青龍九年，賀之説出於妄信，至此益可見矣。又況人盤力重，長樂正在平地，徙之尚折，甘泉山高險，一名車盤，為其不可直度，而須迂向取徑若車盤然，此之銅人，豈可全體移載也哉？若予所見，則有異矣。華嶠後漢書曰：「明帝至長安取飛廉并銅馬，置上西門平樂觀。」故張平子賦之曰：「其西則平樂都場，龍雀蟠蜿，天馬半漢」是也。然則漢武所鑄，如飛廉、龍、馬之屬，後漢明帝皆嘗迎而取之，其人力可勝者已遂致之洛都矣，獨金狄重不可前，乃遂棄諸霸城而已。然則徙移銅人者，迺漢之明帝，而非魏之明帝也。魏略所言，正是誤認漢明以為魏明，世人隨而和之，不足憑矣。至魏略謂魏明别鑄翁仲，則實有其理，蓋霸城二狄，漢明雖嘗移棄，而魏明慕鄉不已，卒自刱鑄，此則好奇之故，理之必致也。世人但見魏明刱鑄二狄，故并移棄霸城者而歸之魏明也。若謂漢明時已嘗補鑄，則董卓先在東都，凡其龍、馬，皆嘗取之以為錢材，决不肯毁小而存大，此自可以意逆也。崔浩之注漢書也，嘗曰：「槀街在銅駝陌中。」顔師古譏之曰：「洛陽則有銅駝陌，長安無也。」今從魏略推之，景初元年既嘗徙長安鍾虡、駱駝，則洛陌之駝安知不自長安徙來也？則恐崔浩所知，師古或未盡聞也，以是知博物之難也。

筆橐

趙充國傳曰：「張安世持橐簪筆，事孝武帝十數年。」張晏曰：「橐，契囊也。近臣負橐簪筆顧問，或有記也。」師古曰：「橐，所以盛書也，有底曰囊，無底曰橐。簪筆者，插筆於首也。」

東西廂 房序西清 朶殿 翼室

周昌傳：「呂后側耳於東廂聽。」師古曰：「正寢之東、西室皆曰箱，箱言似箱篋之形。」鼂錯傳：「吴、楚反，景帝問袁盎計安出，盎請屏人，錯趨避東箱。」按此兩傳，寢者，露寢正殿也，正殿兩旁有室，即廂也，車之有箱，亦其義也。詩曰：「東有牽牛，不可以服箱。」與廂同也。夫殿旁惟其有房也，故呂后得以側耳而聽昌語，鼂錯亦遂得以趨避其中也。叔孫通傳：「著長樂朝儀，百官班定，皇帝輦出房。」房即箱也。唐志：「元日、冬至大朝會，宴蕃國王，設黄麾仗，文武班集，皇帝步出西序門，索扇扇合，皇帝升御座，扇開。」夫唐儀之出序，即漢儀之謂出房也。司馬相如傳：「青龍蚴一糾反。蟉力糾反。於東箱，象輿蜿蟬音善。乎西清。」師古曰：「西清者，西箱清净之殿也。」其東曰箱，以形言也，即上文謂殿旁之房也。其西曰清，以清净言也，謂其地嚴潔無囂塵也。賦體貴文，故變新以言耳，其實一也。楊雄傳甘泉賦曰：「溶方皇於西清。」西箱清閒之處也，義亦同也。書之翼室，以鳥翼為義也。今世之名朶殿者，取花枝旁出為義也。皆從東、西廂而展轉立名者也。此之稱謂，歷世既熟，廊廡閣閤，不必包殿為房，亦可名以為箱也。本朝汴京大内御藥院、太清樓在西，祖宗書閣自龍圖以下皆在其前，〔案〕李本本朝及祖宗上皆空一格，是出自宋刻之證。故進職帶殿閣者，訓辭多用西清，正本此也。

罘罳

罘罳者，鏤木為之，其中疏通，可以透明，或為方空，或為連瑣，其狀扶疎，故曰罘罳，讀如浮思。浮思者猶曰髣髴也，因其形似而想，其本狀自可見矣。罘罳之名既立，於是隨其所施而附著以為之名。其在宫闕，則為闕上罘罳，臣朝於君，至闕下復思所奏是也。在陵垣，則為陵上罘罳，王莽斵去陵上罘罳，而曰「使人無復思漢」者是也。却而求之上古，則禮經疏屏，亦其物也，疏者刻爲雲氣蟲獸，而中空玲瓏也。又有網户者，刻爲連文，遞相綴屬，其形如網也，宋玉曰「網户朱綴刻方連」是也，既曰刻，則是彫木爲之，其狀如網耳。後世因此遂有直織絲網，而張之簷窗以護禽雀者。文宗甘露之變，出殿北門，列斷罘罳而去，（案）列當作裂。是真網也，此又沿放楚詞而施網焉者也。元微之爲承旨時詩曰：「藥珠深處少人知，網索西臨太一池，浴殿曉聞天語後，步廊騎馬笑相隨。」自注云：「網索在太一池上，學士候對歇於此。」予按網索，乃是無壁或有窗處以索掛網，遮護飛雀，故云網索，猶掛鈴之索爲鈴索也。宋元獻喜子京召還爲學士詩曰：「網索軒窗邃，鑾坡羽衛重。」用微之語也。若並今世俗語求之，則門屏鏤明格子是也。其制與青瑣同類，顧所施之地不同，而名亦隨異耳。如淳之釋青瑣，謂爲門楣之格也。詳見後篇。

青瑣

漢給事中夕入青瑣門拜。青瑣者，孟康曰：「以青畫户邊鏤中，天子制也。」師古曰：「青瑣者，爲連瑣文而青塗也，故給事所拜在此門也。」曲陽侯王根驕奢僭上，赤墀青瑣，如淳曰：「門楣格再重，如人衣領再重，裏青名曰青瑣，天子門制也。」如淳之謂門格，今世名為格子者是也。亦宋玉之謂「網户朱綴刻方連」者也，以朱飾之而紅，即為朱綴，以青塗之而青，則為青瑣，其意制相通也。門格再重者，兩板相合，對鏤成文，使皆中空，乃以紗帛漫幕其内，是為夾格也。如淳之言，揆之今世猶可驗也。梁冀、賈充第中皆有青瑣，即是物矣。此時習僭已久，雖用青瑣，人不以為非也。黄圖曰：「未央宫，武帝時為重軒鏤檻，青瑣丹墀。」注曰：「青瑣窻也。」鮑照詠月詩曰：「玉鈎隔瑣窻。」李善曰：「瑣窻，窻為瑣文也。」然則青瑣門者，門上鏤空為連瑣之文，而青塗之耳。

祭天金人一

匈奴傳曰：「霍去病出隴西，過焉耆千餘里，得匈奴祭天金人。」師古曰：「作金人，以為天神之主而祭之，即佛像是其遺法也。」按今世佛像，不問範金、捏土、采繪，〔案〕不問似當作不問。而其像通身黄色，則皆本諸鑄金也。武帝既得此像，遂收而祠諸甘泉，以其得自休屠分地之内，故繫之休屠也，漢志謂馮翊雲陽有休屠祭天金人者是也。雲陽縣者，甘泉宫地也。休屠已降，而為渾邪王所殺，武帝嘉其向己，遂并與金像而尊之，既已祠諸甘泉，又取休屠玉列之典祀，〔案〕休屠玉李本作休屠王，是。而名之以為路徑神也。見郊祀志。〔案〕路徑神當作徑路神。日磾者，休屠王太子也，武帝以其父故而寵養之，賜姓曰金，則又本之金像也。已而日磾之母死，帝畫其像于甘泉，而題之曰休屠王閼氏也。夫惟寶其像，祠其父，姓其子，繪其母，直皆以其來降而尊異之也。自此以外，史無他聞也。班固漢人也，具著其實，首尾如此之詳。至曹魏時孟康注釋漢志，始曰：「匈奴祭天處在雲陽縣甘泉山下，秦奪其地，後徙其像於休屠右地，而又為去病所獲也。」自此說既出，而晉史、隋史亦皆據信，入之正史。予以世次先後考之，未敢遂以為然也。

祭天金人二

社佑曰：〔案〕社佑當作杜佑。「冒頓以秦二世元年自立，擊走月氏。」其是秦二世已前月氏之地未為匈奴所有，休屠未得主典其地，安能徙像以寘，而不為月氏所郤也？則謂避秦而徙休屠右地者，理之必不可者也。則孟康之語顯為無據，不待多求矣。若夫金像之所自來，則於史有考，而非避秦以徙之謂也。張騫傳曰：「月氏者，燉煌、祁連間一小國也。」燉煌、沙州也，祁連，天山也，本皆月氏地也。沙州、天山之間有城焉，名為昭武，昭武者，即佛之號釋迦，棄其家而從佛之地也。月氏既為匈奴所破，則遂散竄乎葱領之西，為十餘國，凡冠昭武為姓者，皆塞種也，塞即釋聲之訛者也。此地興崇釋教，而月氏國焉，故金像遂在其地，而為去病所得也。用何說以為主，執而云自秦地而徙之月氏也？

祭天金人三

漢明帝夢人飛行殿庭，頂有日月光，〔案〕頂當作頂。已而舉以問人，傅毅曰：「西域有神，其名曰佛，陛下所夢其是乎？」世人信佛者多，因飾為之説曰：「佛之靈，能於其教未行中國之前，見夢於帝而感悟之。」此悮也。金像既已入漢，而渾邪、休屠數萬之衆，又已徙入塞内，亦有入在長安者，凡此數萬之人，皆月氏故種，其間奉佛者必多，而又有金像為之宗主，則中國人為其所咻者又多，故其語可以轉而上聞。明帝先已知之，故遂因聞生想而形之於夢，此亦樂廣之謂因者也。金像未得以前，無人嘗作此夢，則又樂廣謂未嘗有人夢乘車入鼠穴者是也。苟云其教未傳，而其神自見，則傅毅，中國人也，何由而知飛行挾日月者，其神嘗名為佛也。

甘泉玉木

楊雄甘泉賦曰：「翠玉木之青葱兮，璧馬、犀之璘㻞。」斌。〔案〕斌李本作小注，是。左思譏之曰：「果木生非其壤，於義虚而無證也。」李善引漢武故事則曰：「上起神屋，前庭植玉木，珊瑚為枝，碧玉為葉。」若如所言，則是木也，蓋用珊瑚、碧玉裝飾為之，其謂翠而青葱者，皆狀碧玉之色而已，非真有是木，根著其地也。至黄圖則又有異矣，曰：「甘泉谷比岸有槐，〔案〕比岸李本作北岸。今為玉木，根幹盤峙，三二百年木也。十道志所記亦同。楊震關輔古語云：『耆老相傳，咸以為此木即楊雄之謂玉木青葱者也。』」詳此二說，又直謂木本槐也，而名之以為玉木焉耳。予即本賦上下文求之，則雄指殆可類推也。曰「璧馬、犀之璘㻞」，則非有真馬、真犀也，直以璧玉刻為其形焉耳，世固無璧馬、璧犀也。又曰「金人屹以承虡」者，虡，鍾虡也，則比木虡加珍矣，故誇之以見其盛也。於是合三者言之，則玉也，璧也，金也，實非土毛，而皆假物為之，則漢武故事所著大為可據也。若指其木以為槐，亦自一時所見，然槐葉望秋先零，不貫四時，其碧不長，恐非雄之所夸也。

萬年枝 豫章正女木

文選謝元暉直中書省詩曰：「風動萬年枝。」李善曰：「晉宫闕名曰華林園，有萬年木十四株。」然竟不著其物色種類，因何而名萬年也。西京雜記曰：「武帝初修上林苑，羣臣遠方，各獻異木，亦有制為美名，以標奇麗，中有千年長生木十株，萬年長生木十株。」此即元暉所引萬年之枝也耶？既曰「制為美名，以標奇麗」，則凡冬夏常不彫改者，皆可名為千年、萬年也。泊宅編曰：吴興人撰。「徽宗時興畫學，命題以試畫者，曰『萬年枝上太平雀。』試者皆不知木為何木，雀為何雀。試已，有問諸中官者，應之曰：『萬年枝，冬青木也。太平雀，頻伽鳥也。』」此亦據中官意撰耳，而夫萬年實為何木，元無所本也。以其名思之，其類必為冬青無疑矣，而曰萬年、千年者，從其不彫而標之美名，則自可意想也。黄圖：「建章鳳皇闕，人呼為正女樓。」〔案〕正女本當作貞女，避宋仁宗趙禎嫌名改。下正節亦貞節避嫌名改。注之者曰：「司馬相如賦云『豫章正女木，長十仞，大連抱』，冬夏常青，未嘗凋落，若有正節，故以為名。」則直以豫章為正女木也。木之更冬不凋者多有之矣，松、柏、栝、檜、杉、櫧、桂、楠，未嘗改柯易葉，若以命之為萬年、千年，無不可者，特不知果為何木耳。夫木之主名難改矣，而其制為美名，則黄圖之説必得其實也。

荔支

黄圖：「上林扶荔宫，以荔支得名。元鼎六年破南越，自交趾移種百株，無一株生者，連年移植不息，偶一株稍活無華實，帝亦珍惜之，一旦萎死，誅數十人，遂不復蒔。其實則歲貢焉，郵傳者疲於道路。至後漢安帝時，交趾太守唐羌極陳其弊，乃始罷貢。」按此即相如賦謂「遝答離支」者矣。離支之實，既至長安，而繁夥遝答，或是夸言，而謂離支有木在上林中，則自可移種，不可臆度以為無有也。

玉蘂名鄭花

唐昌觀玉蘂花，長安惟有一株，或詩之曰：「一樹瓏鬆玉刻成。」則其葩蘂形似，略可想矣。春花盛時，傾城來賞，至謂有仙女降焉。元、白皆賦詩以實其事，則為時貴重可知矣。曾端伯曰：「韋應物帖云：『京師重玉蘂花，比至江南，漫山皆是，土人取以供染事，不甚愛惜。』則是江南有花瓏鬆而白其葉，可用以染者，真唐昌之玉蘂矣。」高齋詩話又云是楊汝士帖，未知孰是。山谷曰：「江南野中有一種小白花，木高數天，春開極香，野人謂之鄭花。王荊公陋其名，予請名曰山礬。此花之葉自可染黃，不借礬而成色，故以名。」又高齋詩話曰：「玉蘂，即今瑒花也。」予按瑒，雉杏反，玉圭名也，瑒、鄭音近而呼訛耳。吾鄉又呼烏朕花，朕、鄭、瑒音亦相近，知一物也。江南凡有山處，即有此花，其葉類木犀，而花白心黃，三四月間著花，芬香滿野，人家籬援，皆斫其枝帶葉束之，稍稍受日，葉遂變黃，取以供染，不籍礬石，自成黃色，則魯直之言信矣。至謂僅高三二尺者，蓋土人不以為材，稍可燃燎，亟樵之不容其長。惟長安以為貴異，故其幹大於他處，非別種也。予家塾之西，有山樊一株，高可五七丈，春花盛時，瓏鬆耀日，如冬雪凝積，闔一里人家，香風皆滿，比予辛未得第而歸，則為人所伐矣。乃知唐玉蘂正是人能護養所致，非他處無此之木也。

登聞鼓肺石

唐六典：「大明宫有含元殿，夾殿有兩閣，左曰翔鸞，右曰棲鳳，兩閣下皆為朝堂，東朝堂置肺石，西朝堂置登聞鼓。」長安志館圖皆同。太極宫之太極殿，其朝堂亦皆夾殿而左右對出，故鼓石皆在殿旁朝堂之内也。即六典所叙，謂大明悉同承天之制者也。沈括筆談曰：「唐長安故宫闕前，有唐肺石尚在，其制如佛寺所擊響石，甚大，可長八九尺，形如垂肺，即秋官大司寇以肺石達窮民者也。原其義乃伸冤者擊之，如今撾登聞鼓也。」括之此言，必有所本。然朝堂不在殿門之外，此石何由外出，豈其唐亡宫殿已廢，或欲移而它之，緣重而棄，乃在闕外耶？因其言而知肺石形象，亦略有補，然恐沈未得確也。唐之有登聞鼓，自高宗始，會要曰：「時有抱屈人賫鼓於朝堂訴事，乃命東、西廊朝堂皆置鼓。〔案〕東西廊當作東西都。則不獨太極、大明兩宫有之，雖東洛朝堂亦有也。按通典刑法門載隋文帝制曰：「四方冤訟，州縣及省不為治者，聽撾登聞鼓，有司録狀以聞。」然則晉、隋間已嘗置鼓矣。會要謂抱屈人賫鼓詣堂，當是唐人知隋世已自有鼓，許之訴事，故賫鼓自詣也。然則朝堂置鼓，已在唐前矣，沈獨以鼓例石，是但知登聞院有鼓，而不知西洛朝堂已自有石也。〔案〕西洛當作東洛。六典於刑部又曰：「冤滯不達，聽撾登聞鼓，又惸獨老幼不能自伸者，乃立肺石之下。立石者左監門衛奏聞，撾鼓者右監門衛奏聞。」然則鼓可撾矣，而肺石不可擊也，但見人立石旁，即知其有冤欲直也。垂拱元年敕：「朝堂登聞鼓及肺石不須防守，其有撾鼓、立石者，令御史受狀為奏。」會要六十四。則與沈語又復乖異也。沈以意料，而六典、會要自載其時制法，其可疑可信，固有間矣。

立仗馬

李林甫設事諗衆，而求禁絶言路，其說曰：「諸君見立仗馬乎？常食三品料，一鳴輒斥去。」立仗馬者，馬之立乎仗中者也，仗衛方立，馬或嘶鳴，輒斥退而換他馬，惡其譁也。顔真卿嘗論仗馬曰：「太宗勤勞庶政，其門司式曰：『無門籍，有急奏，令仗家引對，不得關礙。』防壅蔽也。置立仗馬二，須乘者聽。此其所以平治天下也。」即真卿此言而推之，則太宗著令，凡人不預通籍者，如有急奏，亦許乘此二馬，而有司引使入奏也。其於招言防壅，可謂至矣。至唐會要亦記仗馬，詳其所用，則與太宗初意全不相類矣。天寶八載敕：「自今以後，南衙立仗馬宜停，其進馬官亦省。」謂之進馬，則非臣下之所得乘矣。又曰：「十二年，楊國忠又奏置立仗馬及進馬官。」則馬之與官，至此皆復，而其所立名義，特擬供御，則求言本意，全革易矣。至大曆十四年閑厩使奏，準例每日於月華門外立馬兩疋，月華門在宣政殿。仗下歸厩。廣德後無馬可支，即并與奏御之馬，亦廢而不供矣。當時以進馬之不可闕也，而降命使之復置復支，則無許奏事人乘馬之文矣。然則太宗招言之馬，既已變為供御之馬，而執牽之官，又名進馬，則是專擬進御，而臣下不復可得乘跨也。太宗設馬初意，至此而全泯没矣。此其變易之機，正與元宗設圖，而開元之無逸，遂為天寶之山水，同一意也。若其改制之後，食三品料，一鳴輒斥去，則全以御馬之食食之，以肅仗之禮責之，則其初時臣下得乘之制，全無本祖矣，臣下欲望乘以入奏，其可得耶？至於進御之馬，惡其嘶鳴，則尚有可考者矣。唐北都有過馬廳，韓渥詩云：「外使進鷹初得按，中官過馬不教嘶。」注云：「上馬必中官御以進，謂之過馬，既乘之，然後蹀躞嘶鳴也。」則未御之前，不令嘶鳴者，是林甫指為一鳴輒斥者也。北都者，河東太原府也。元宗以高祖起義此地，故建為北都，北都使宅，即高祖舊居也。既為留都，而過馬之制仍放正都，故北都亦有過馬廳也。國朝之制，〔案〕李本國朝上空一格，是出自宋刻之證。每御後殿，立馬兩行於仗衞中，鞍轡皆為龍飾。則是放唐進御之制，無復太宗來言之制矣。宣、政間有嘗為内諸司者為予言，後殿、前殿中間有露行無屋處，索馬乘御而過。

魏證宅

魏證宅在丹鳳門直出南面永興坊内。封演見聞録曰：「證所居室屋卑陋，太宗欲為營造，輒謙不受。洎證寢疾，太宗將營小殿，遂輟其材為造正堂，五日而就。開元中此堂猶在，家人不謹，遺火燒之，子孫哭臨三日，朝士皆赴弔。」唐傳所載亦同，惟百官赴弔，出於詔命，則與封説差異耳。然唐世君臣，共知欽重正直，於此可見矣。至白居易傳則又有異焉，曰：「李師道上私錢六百萬為證孫贖故第。居易時為拾遺，當元和四年建言：『證任宰相，太宗用殿材成其正寢，後世不能守，陛下宜為賢者子孫贖而還之，師道人臣，不宜掠美。』帝從之。」若如居易所言，則是太宗殿材所造之寢，至元和猶在，開元中不嘗遭火也，特子孫不能保有而遂貨鬻之耳。予詳思其理，開元間所火，當是殿材之為正寢者耳，而他屋不嘗皆火也，直以清貧之故，子孫盡舉其有而鬻之。居易深探太宗重證之意，欲其還贖，使事出朝廷而不出臣下也。至會要所載，又異於是，曰：「元和四年上嘉魏證諫諍，詔訪其故居，則質賣已更數姓，析為九家矣。〔案〕析李本作析，是。上出内庫錢二百萬贖之，以還其家，禁其質賣。」據此所記，與居易傳略同，當是會要又欲歸美憲宗，不欲出自臣下建請耳。

寺觀

慈恩寺 進士題名　前進士　先輩

在朱雀街東第三街，自北次南第十五坊。名進昌坊。正觀二十二年，高宗在春宫為文德皇后立此寺，故名慈恩。南臨黄渠，水竹森邃，為京師之最。寺西院塔崇三百尺，神龍後杏園六月十五日進士關宴，悉於塔下，選同年中能書者題名其上。松窻雜録。雜録則曰：「張莒實始為之，遂成故事。」而錢希白南部新書則曰：〔案〕錢希白李本作錢希仁，誤。「韋肇初及第，偶於慈恩塔下題名，後人慕效，遂為故事。」未知孰是。元和中李肇著國史譜曰：〔案〕國史譜當作國史補。「進士得第，謂之前進士。既捷列名於慈恩寺，謂之題名。大醼於曲江亭，謂之曲江會，亦謂之關宴。」或曰，及第後遇未及第時題名，即添前字，故詩曰：「曾題名處添前字。」其相推尚，亦以先得第者為先輩。先輩之語雖起唐時，然其來已久。漢宣帝制學生通二經者補文學掌故，其不能通二經者，須後試復隨輩試，試通亦得為文學掌故。唐語之謂先輩、前進士者，取其得第在先，故以為言也。

感業寺 武后為尼

正觀二十三年五月，太宗上僊，其年即以安業坊濟度尼寺為靈寶寺，盡度太宗嬪御為尼以處之。此寺之東又有道德寺，亦尼寺也，改造道德寺為崇聖寺，充太宗別廟。永徽五年，太宗忌日，高宗詣寺行香，武氏泣，上亦泣，王皇后欲以間蕭淑妃之寵，令武氏長髪，勸上納之後宮。以通鑑、長安志及呂圖參定。通鑑言武氏在感業寺，長安志云在安業寺，惟此差不同。然志能言寺之位置及始末，則安業者是也。

薦福寺

薦福寺，在朱雀街東。本蕭瑀宅，天授元年改為薦福寺。院東有放生池，周二百餘步，傳云即漢世洪池陂。

香積寺

香積寺，呂圖在子午谷正北微西。郭子儀肅宗時收長安，陳于寺北。唐本傳云：「距豐水，臨大川。」大川者，沉水、交水、唐永安渠也。〔案〕沉水當作氿水。蓋寺在豐水之東，交水之西也。吕圖云：「在鎬水發源之北。」則近昆明池矣。子儀先敗于清渠，至此循南山出都城後，據地利以待之也。

安國寺興唐觀興唐寺

安國寺在朱雀東第四街之長樂坊。若興唐觀則與之同坊，而興唐寺别在向南一坊矣。開元八年營造之。初敕令速成，其興唐觀即毁興慶、大明兩宫别殿，而取其材以為觀矣。而興唐寺材亦殿材也，其天尊殿即興慶宫之通賢殿也，門樓即大明宫之乘雲閣也，至於精思堂即以白蓮花殿為之，而老君殿亦以甘泉殿為之。後至元和八年，又增壯其舊觀之地，北距太極宫城，因是有複道以為行幸之所。長安志。則知毁殿為觀，固以徼福，要之亦便遊幸也。教坊實在其地，即可見矣。至夫通賢、乘雲、白蓮花、甘泉等四名者，既經改毁，史册之書宫殿者遂没其名。以此知古來宫殿難得其明矣。

太清宫太微宫紫極宫

隋開皇間已詔兩京及諸州各置元元皇帝廟。禮閣新儀。唐家以老子為祖，天寳元年田同秀言老子降丹鳳門外，於是置廟，後改此廟名為之宫。二年加號大聖祖，又敕西京為太清宫，東都為太微宫，諸州為紫極宫。十二載又加帝號，每歲四時修朝獻之禮。初建廟取太白山白石為帝真像，衮冕之服，當扆南向，元、肅二宗真容立侍左右。每天子有事于南郊，即先朝謁太清宫。張巡起兵，帥吏士哭元元皇帝廟，廟即睢陽郡之紫極宫也，紫極宫凡外州皆有。本朝置天慶觀，〔案〕李本本朝上空一格，是出自宋刻之證。許就以紫極宫為用。

唐昌觀

在京城東，有玉蘂花。劇談録詳載，有説在前。

興聖尼寺

在朱雀街西通義坊，本高祖龍潛舊宅。

崇德坊崇聖尼寺

進士櫻桃宴在此寺佛牙閣上。長安志。〔案〕長安志三字李本無。

《雍録》索引

凡　例

一、《雍録》是考證性的著作而不是提供資料的文獻，因此只需要就本書各條的標目編製索引。

二、原書各條的標目有少數過於簡略，製作本索引時就適當加了些説明性的文字。如卷二的“總説”，就加字成為“漢宫及離宫總説”。

三、本索引按慣例先列條目，條目下標出卷次和全書的總頁碼。如立仗馬 10/221，就表示標目“立仗馬”條見於本書卷十總二二一頁。

四、本索引按四角號碼編排，並附有筆畫檢字與四角號碼對照表。

筆畫檢字與四角號碼對照表

本檢字表為便利習慣於使用筆畫順序檢字者查檢本索引之用。凡索引中的第一個字，依筆畫順序排列，同筆畫的，再依點起、橫起、直起、撇起排列，每字後注明四角號碼，讀者可憑此以檢索引字頭。

二畫

橫起

十 4000_0
九 4001_7
七 4071_0

三畫

橫起

三 1010_1
大 4003_0

直起

上 2110_0

四畫

橫起

五 1010_7
元 1021_1
天 1043_0
瓦 1071_7
太 4003_0

直起

中 5000_6
少 9020_0

撇起

仁 2121_0
公 8073_2

五畫

點起

立 0010_8
永 3023_2

橫起

玉 1010_3
平 1040_9
石 1060_0
左 4001_1
古 4060_0
甘 4477_0
未 5090_0

直起

北 1111_0

撇起

代 2324_0

六畫

點起

安 3040_4
光 9021_1

橫起

西 1060_0
吏 5000_6
成 5320_0

直起

曲 5560_0
回 6060_0
吕 6060_0

撇起

自 2600_0

七畫

橫起

坑 4011_7
杜 4491_0

直起

岐 2474_7

撇起

延 1240_1
含 8060_7
谷 8060_8

八畫

點起

宜 3010_7
祈 3222_1

橫起

函 1077_2
武 1314_0
建 1540_0
承 1723_2
青 5022_7
奉 5050_3
東 5090_6
長 7173_2

直起

昆 6071_1
明 6702_0

撇起

侍 2424_1
始 4346_0
阿 7122_0
周 7722_0

點起

禮 3521_8

橫起

薦 4422_7

藁 4490_4

直起

豳 2277_0

撇起

魏 2641_3

總 2693_0

十八畫

直起

豐 2210_8

撇起

鎬 8012_7

十九畫

點起

麒 0428_1

橫起

蘭 4422_7

關 7777_2

二十一畫

橫起

露 1016_4

霸 1052_7